避難の科学

気象災害から命を守る

古川武彦［著］

東京堂出版

はじめに

　日本は温帯に位置しているため四季がはっきりし，周囲を海に囲まれているので，豊かな自然と温和な気候に恵まれています．さらに環太平洋火山地帯に属しているため，各地に火山があって温泉にも恵まれています．しかしながら，このような自然の恩恵とは裏腹に，毎年のように台風や集中豪雨などによって浸水や土石流，崖崩れなどが起き，多くの命が奪われています．さらに竜巻や突風による被害もしばしばみられ，落雷による事故も毎年のように起きています．このような気象が起源となる災害のほかに，地震にともなう津波や家屋などの損壊や火災，また火山噴火や火砕流などがあります．他方，遊泳や釣り，船舶の衝突など種々の海難事故も発生しています．加えてまれにですが，トンネル火災や地下街への浸水事故なども起きています．

　こうした災害や事故は，日常の生活空間に限らず，学校やビジネス，旅行先でも起り得ます．日本は潜在的に災害列島の国であり，私達はいつも危険と隣り合わせといっても決して過言ではないでしょう．

　とくに気象災害で留意すべきことは，本来，異常気象とは30年に一度程度起きるような異常さを意味しますが，近年，異常気象の頻発に加えて，現象自身に激甚化の傾向がみられることです．

　すなわち，すでに始まっている地球温暖化による気温の上昇にともなって，大気はこれまでに比べて，より多量の水蒸気を含んでいることから，ひとたび対流などが起きれば大量の潜熱を放出するポテンシャルを高めています．さらに，海水温の上昇はすでに数百mの深さまで及び，海洋にも莫大な熱エネルギーが蓄えられています．このような温暖化の影響は，今後より強い台風などの出現による大雨や洪水のほか，土砂崩れなどをもらすと予測されています．また，竜巻の増加も懸念されるところです．

はじめに

地震の分野では，東京の直下型地震をはじめ，東南海地震や南海地震はいつ起きてもおかしくない状況にあるといわれています．火山でみれば，頻繁に噴火を繰り返している桜島などを別にすれば，富士山は江戸時代の宝永噴火（1707年）以来，300年以上も噴火がなく大きな懸念材料の一つです．2014年の御嶽山の突然ともいえるような噴火や2015年の箱根山の数百年ぶりの水蒸気爆発などは記憶に新しいことです．

一方，これまで行われてきた土地利用の高度化や道路などのインフラ整備，ビルの高層化，ライフスタイルの多様化は，しらずしらずのうちに自然および人為起源の災害に対する脆弱性とリスクを高めており，予想もしなかった形態の災害が突然に発生する可能性もあります．

過去に人的被害をもたらした事例をみてみると，実際に危機が迫り，危険や異常事態が生じつつあるにもかかわらず，自分の思考や行動は「正常である」という思い込み，さらに現象の仕組みについての理解不足，加えて避難するかどうかは行政の指示待ちといったさまざまな要因が浮かび上がってきます．

とくに自分だけは大丈夫であるという思考は「正常化の偏見（Normalcy Bias）」と呼ばれ，いざというときに具体的な行動を避けたがる誰しもが陥りやすい心理的傾向といわれています．

孫子の兵法に「彼（てき）を知り，己を知れば，百戦危うからず」というくだりがあります．「備えあれば憂いなし」の諺もあります．これらを災害に置き換えれば「起こり得る現象の正体である仕組みを知り，自分が置かれている危険性を把握し，備えや避難を行えば，十分に対応できる」と解することができます．一方，物理学者の寺田寅彦は，かつて浅間山の噴火に遭遇したさいの人々の言動をみて「ものを怖がらなさ過ぎたり，怖がり過ぎるのはやさしいが，正当に怖がることはなかなかむつかしい」と述べています．

他方，気象庁からは最近，豪雨や竜巻，津波などに関して，「直ちに命を守る行動をとって下さい」「丈夫な建物の中へ避難を」などとの呼びかけもなされていますが，一般の住民サイドからみれば，どのように行動すべきか

はじめに

わかりにくい面があります．こうした状況を受けて，最近，種々の災害への備えや避難に関する議論が各方面で起きています．

近年，気象学を始め，海洋学，地震・火山学，電子工学などは長足の進歩を遂げています．さらに，最近は行政機関が有するほとんどの防災関連データが公開されており，また，テレビのデータ放送のほか，インターネットやスマートフォンを利用することによって，リアルタイムデータの取得，閲覧・共有が可能になっていますので，市町村長の発令する「避難勧告」などに対しても，より納得のいく判断と適切な対応が可能だと思います．

本文で触れるように，大気中に生起する積乱雲や竜巻，台風などのさまざまな現象は，本来，それぞれ固有の空間的スケール（広がり）と時間的スケール（寿命あるいは継続時間），それに移動速度あるいは伝播速度を持っています．一方，海洋中の現象である波浪，高潮，津波などについても同様に固有の性質を持っています．さらに重要なことは，これらの現象はそれぞれ固有の仕組み（発生・維持のメカニズムなど）を有していることです．他方，洪水や浸水，雪害などは，低気圧や台風などの現象に付随して起きる事象といえます．

これらのことは現象の発生から当該地への襲来，そして引き続く洪水などの発生までの猶予時間および継続時間もまた，それぞれ現象や事象に固有のものであることを意味しています．一方，天気予報は，種類に応じて予報の有効期間を持っています．こうした猶予時間は先行時間（リードタイム）と呼ぶことができます．したがって，現象や事象の発生について何らかの情報を得てから，備えを始め，避難を決心するまでの時間は，この猶予時間に左右されます．さらにリードタイムの長短は現象の性質と観測および予測技術に依存します．

自然災害に対する「備え」は，どちらかといえば静的でハードの分野ですが，「避難」は人の心理と行動という動的なものであり，ソフトの世界です．

気象庁は，近年の頻発する洪水やがけ崩れなどによる災害をきっかけに，これまでの「警報」の体系を見直し，平成25年5月「気象業務法」の改正

はじめに

(施行同年8月30日)を行い，従来の「警報」の上位にあたる「特別警報」を創設して，防災情報の一層の強化に乗り出しました．ちなみに，特別警報は50年に1度程度の災害を想定しており，対象は気象にとどまらず，地震，津波，火山噴火なども対象としています．

　本書の目的は，浸水や土砂災害，津波などによる家屋の損壊などの物理的な災害を防ぐハード面には種々の制約や限界がありますが，種々の現象や事象が有する「自然の論理あるいは仕組み」と，種々の「情報」をよく理解しておくことによって，「正常化の偏見」を排し，より適切な備えと避難が可能であること強調することにあります．

　具体的には，人的な犠牲を引き起こしうる自然および人為起源の現象や事象をできるだけ網羅し，過去の検証や課題を明らかにし，それぞれ科学的見地から備えや避難に役立つ基礎的な知識を総合的に提供することを心がけました．また，本書が備えや避難に関わる総合的なガイドブックとなることも企図しました．

　内容の大部分は，筆者が気象研究所での20年間の研究活動の後，気象庁海洋気象部に転任して運輸省大臣官房海洋課へ出向し，さらに気象庁に戻ってからは，航空気象管理課や観測部（地震火山関係を含む）および予報部での技術的および業務的管理に携わった経験，またいくつかの国際的な会議や滞在で得た知見などに基づいています．

　防災関係者はもちろん，市民自らも災害をもたらしうる種々の現象について，仕組みや観測および予測技術のレベル，さらに防災関連情報とその伝達システムなどについて，よく理解した上で対処することが肝要だと考えます．本書が，適確な避難につながり，人災を未然に防ぐ一助となれば幸いです．

　なお，ここでは気象学や海洋学，地震学などを論じる意図はなく，それらの成果を踏まえて，避難を念頭に各事象に触れています．各論は専門書に譲ります．

　全体の構成は，①過去の顕著な災害や避難についての課題，②備えと避難のための知恵やインターネットの利用，③種々の現象が持つ時間・空間的な

はじめに

広がりと，避難の猶予時間，④自然起源および人為起源の現象の総合的・概括的な記述，⑤気象および津波・火山に関する観測システム，⑥備えと避難に関わる現象予測技術と情報などとなっています．避難に関わる法制度などについては付録に掲載しました．

　本書の刊行にあたり，企画から編集まで，東京堂出版の廣木理人氏に大変お世話になりました．記して謝意を表します．

目　次

はじめに

1章　過去の主な災害と避難の課題……………………………11

2章　備えと避難の知恵……………………………………………25
2.1　地理的環境の把握……………………………………………25
2.2　ハザードマップ………………………………………………27
2.3　テレビ，スマートフォン，インターネットの利用………29
2.4　避難のためのアドバイス……………………………………32
2.4.1　台風（高潮）………32
2.4.2　竜巻………35
2.4.3　津波………35
2.4.4　火山噴火・噴煙………36
2.4.5　火災，放射能………37
2.4.6　物の高さ，方角の簡便な見分け方………37

3章　避難の猶予時間―現象の時間・空間スケール……………41
3.1　現象の時間・空間スケール…………………………………41
3.2　避難の猶予時間………………………………………………47

4章　自然および人為起源の現象…………………………………53
4.1　自然起源………………………………………………………54
4.1.1　気象………54
4.1.2　水象………61

目　　次

  4.1.3　地象……………67
  4.1.4　地震……………68
  4.1.5　火山噴火……………69
 4.2　人為起源……………………………………69
  4.2.1　気象……………69
  4.2.2　水象……………70
  4.2.3　地象……………71

5章　気象，津波，火山などの観測システム………………73
 5.1　気象，津波などの観測技術の全般………………………73
 5.2　各種観測システム………………………………………75
  5.2.1　地上気象観測網・地域気象観測網……………75
  5.2.2　特別地域気象観測所……………79
  5.2.3　アメダス……………80
  5.2.4　高層気象観測……………83
  5.2.5　気象レーダー……………85
  5.2.6　ウィンドプロファイラ……………90
  5.2.7　雷監視システム……………93
  5.2.8　気象衛星観測……………94
  5.2.9　津波観測……………100
  5.2.10　火山観測……………101

6章　備えと避難に関わる気象および津波などの予測技術，情報…103
 6.1　気象の予測技術……………………………………103
  6.1.1　数値予報の仕組みと手順……………104
  6.1.2　天気予報ガイダンス……………107

　　　　　　　　　　　　　　　　　　　　　　　　　目　次

　　6.1.3　降水短時間予報……………109
　　6.1.4　レーダー・ナウキャスト（降水，雷，竜巻）……………110
　6.2　津波のメカニズムと予測技術………………………………111
　　6.2.1　津波のメカニズムと特徴……………112
　　6.2.2　津波の予測モデル……………115
　6.3　気象・津波・地震・火山情報………………………………117
　　6.3.1　気象情報……………117
　　6.3.2　津波・地震情報……………121
　　6.3.3　火山情報……………129
付録　避難などに関わる法制度…………………………………131
引用および参考文献………………………………………………142
おわりに……………………………………………………………143
索　引………………………………………………………………147

1章　過去の主な災害と避難の課題

　この章では，過去に人的災害もたらした気象・洪水・津波・火山噴火・高波などを分野別に眺め，それぞれ避難の状況や問題点などを振り返ってみたいと思います．なお，ここでは大規模あるいは顕著な災害をもたらした現象や事象に焦点をあてましたが，たとえ規模が小さくても災害の起こり方の本質は同じです．

（気象関連分野）

　平成11年8月，弱い熱帯性低気圧が接近するなか，神奈川県を流れる玄倉川の上流域でも激しい雨が降り，下流で水位が突発的に上昇し，キャンプに来ていた13人が中洲に取り残され，犠牲になりました．防災関係者が直接に避難を促しましたが，避難はなされませんでした．事故の様子がテレビでも放映され，大きなインパクトを与えました．この台風について，気象庁が勢力が「弱い」階級であるとしていたこともあり，当事者が川の増水にともなう身の危険を，おそらく実感し得なかった可能性が推測されます．なお，気象庁はこの災害を契機に，台風の勢力の分類表から「弱い」の項目を削除しました．

　平成16年10月，台風23号にともなう豪雨で京都府舞鶴市を流れる由良川が氾濫して国道175号線が冠水して多くの車両が立ち往生し，その内の動けなくなったバスが水没しました．乗客達は全員バスの屋根に逃れて一夜を明かし，9時間ぶりにヘリコプターで救助されましたが，一歩間違えば命が危うかった状況でした．図1.1はバスの屋根で救助を待つ人々の様子を示しています．

　平成20年8月，いわゆる「ゲリラ豪雨」によって，神戸市内を流れる都賀川でいわゆる「鉄砲水」が発生し，川辺に降りていた5人が亡くなりました．同じく同年8月には東京の雑司が谷で下水道管の工事にあたってい

1章　過去の主な災害と避難の課題

図1.1　立ち往生したバスの屋根で救助を待つ人々

た5人の作業員がにわか雨による急な増水で犠牲になりました．しかしながら，この2例では雨に関して事前に特段の注意情報はなされませんでした．

　平成21年8月，兵庫県佐用町では台風9号にともなう大雨によって河川が氾濫し，夜間の9時に「避難勧告」が発令されましたが，すでに避難行動中であった人々を含めて約20名が犠牲となりました．夜間の「避難勧告」と避難活動が犠牲を大きくしたといわれています．図1.2は夜8時ころに，自主避難をした人々が近くの避難所に向かう途中に遭難した付近の写真で，手前の排水土管が詰まるなどで周囲は激しい流水となりました．

　平成23年9月に高知県に上陸し，日本海に抜けた台風12号では，紀伊半島南部を中心に各地で日雨量が1,000mmを超す豪雨に見舞われ，河川の氾濫や浸水，土砂崩れなどが相つぎ，全体で死者78名，行方不明者16名という大災害となりました．気象庁は定められたスキーム（手順）に従って大雨警報や関連する情報の提供に努めましたが，このような今まで経験のな

1章　過去の主な災害と避難の課題

図1.2　前方に見える避難場所に向かう途中の遭難現場

いような記録的な豪雨にもかかわらず，市町村の防災関係者や住民においては，起こりうる危機や災害のイメージを持つことができず，避難活動などに遅れが生じたことは否めないと思われます．

　平成24年7月の九州北部豪雨では，1時間に80ミリを超える猛烈な雨が数時間継続し，「避難指示」も発令されましたが，熊本・大分・福岡県で合計死者30名，行方不明者2名が犠牲となりました．当時，気象庁は大雨警報を補完する情報に「これまでに経験したことのないような大雨」との文言を付加しましたが，地方公共団体や住民の間では，その危機感が認識されませんでした．

　気象庁はこうした頻発する災害をきっかけに，これまでの警報体系を見直し，2013年5月「気象業務法」の改正（施行同年8月30日）を行い，従来の「警報」の上位にあたる「特別警報」を創設して，防災情報の一層の強化に乗り出しました．ちなみに，「特別警報」は50年に1度程度の災害を想定しており，対象は気象にとどまらず，地震，津波，火山噴火なども対象としています．

　くしくも，平成25年7月下旬，山口・島根県地方を中心にした地域は未

1章　過去の主な災害と避難の課題

曾有の記録的な大雨に見舞われ，さらに同8月初旬には岩手・秋田県でもこれまで経験のないような大雨に見舞われました．この時点では，「特別警報」は施行前でしたが，気象庁は早速これらの事例を「特別警報」級として扱い，「命をまもる行動をとって下さい」と例外的なテレビ記者会見を通じて，最大限の注意喚起を行い，それなりの効果を上げました．さらに同年9月16日には，最初の「特別警報」が滋賀・福井・京都に発表されました．幸い人的被害は軽微でした．

　平成25年10月16日，台風26号が関東地方を直撃し，伊豆大島では火山灰の土石流が発生して，死者・行方不明者が40名に近い惨事が起きました．一部の観測所では日雨量が800ミリを超えましたが，気象庁からの「特別警報」も発表されず，行政による「避難勧告」や「避難指示」もなされず，ほとんどの住民はまさか土石流が起きるとは思わず，避難には至りませんでした．しかしながら，この地域では昭和33（1958）年9月の狩野川台風のときに，約400ミリの大雨があり，小規模でしたが土石流が起きていました．図1.3は土石流を起こした斜面と下流の住宅を示しています．

　平成26年8月，台風11号は四国や紀伊半島にかってない大雨をもたらし，数十万人を対象に「避難勧告」や「避難指示」がなされ，三重県には「大雨に関する特別警報」がなされました．こうした市町村長の適確な対応の結果，人的な犠牲者は極めて少数に留まりました．

　しかしながら，これが覚めやらぬ8月20日，局地的な豪雨によって，広島市北部の山沿いで土石流が発生し，40名に達する犠牲者が生まれてしまいました．残念ながら，豪雨が夜の12時過ぎに集中したこともあって，「避難勧告」や「避難指示」はなされませんでした．「特別警報」も発表されませんでした．結果として，犠牲者のほとんどは睡眠中に，突然，土石流に巻き込まれたことになります．

　もう半世紀以上も前ですが，1959年（昭和34）年9月の伊勢湾台風では約5,000人が犠牲となりました．台風の進路予測は適切でしたが，台風中心の東側の領域に入った伊勢湾では，南西の強風にともなって名古屋港で

1章　過去の主な災害と避難の課題

図1.3　土石流が住宅地を襲った時の航空写真

約4mの高潮が発生して，沿岸の堤防が各地で決壊し，大量の海水が住宅地などに流入しました．犠牲者の多くは溺死でした．図1.4は伊勢湾の高潮による被害を示しています．当時は防潮堤も低く，また，高潮に対する住民の意識も十分ではありませんでした．

　さらに以前に遡りますと，1934年（昭和9年）の室戸台風は西日本を中心に約3,000人の犠牲者をもたらしましたが，その多くはやはり急激な高潮による溺死でした．しかしながら，その約30年後の1961年（昭和36年）に関西地方を襲った第2室戸台風では，室戸台風の経験を踏まえて，休校などの措置もとられ，高潮による被害も抑えられて，激しい台風にもかかわらず全体で約200人の犠牲ですみました．当時，筆者は，気象庁研修所高等部（現気象大学校）を卒業して大阪管区気象台観測課に赴任・配属さ

15

1章　過去の主な災害と避難の課題

図1.4　伊勢湾の高潮による被害（中日新聞社『伊勢湾台風の全容』より）

れており，いわゆるテレビカーが何台も大阪管区気象台の中庭に乗り入れ，現場から頻繁に中継を行い，注意を喚起していたのをよく覚えています．そんな中，筆者は横なぐりの激しい暴風雨の中，1時間おきの定時観測のたびに雨合羽を着て観測露場を駆け回っていました．まだ現在のような「アメダス」による自動的な観測はありませんでした．四国の室戸岬測候所では，風速を記録するペンが記録紙の目盛を超えてしまうほどの強風に見舞われ，無線電話で「気象大阪，気象大阪，こちらは気象室戸岬，気象室戸岬，感度ありましたら応答願います」と，大阪まで緊張が伝わってきました．結局，記録器の電子回路に抵抗を付加して，記録を続けて後日，修正を図りました．

（津波分野）

津波の分野での近年の最大の惨事は，なんといっても平成22年3月11日の東北地方を襲った太平洋沖地震（3.11）がもたらした大津波をおいて他には見あたりません．18,000人を超える尊い命が奪われてしまいました．大部分が溺死と考えられます．地震の発生から津波の襲来までに30分程度

1章　過去の主な災害と避難の課題

図 1.5　「3.11」地震に伴う津波の被害の様子

以上の猶予時間があったにもかかわらず，適切な避難が行われなかったことが悔まれます．気象庁は地震の発生から3分後に，津波警報（大津波）を発表し，宮城県では6m，岩手・福島では3mを超す大津波と警報しました．警報はその数十分後に10m以上などと大幅に更新され，警報の範囲も拡大されました．しかしながら，この時点ではこれらの情報は停電などのため周知がままならず，一部ではすでに津波が来襲していました．さらにこの津波によって福島第1原子力発電所の非常電源装置が破壊されたため，原子炉の制御機構が失われて放射能が外部に流失し，周辺の住民は強制的な避難を余儀なくされました．放出された放射能は100km以上も離れた遠隔地まで拡散し，その影響は今なお続いています．しかしながら肝心の放射能の拡散を予測し，避難に資するべき拡散予測モデル「SPEEDI」は有効には機能しませんでした．図1.5はこの時の津波によって，船舶が陸上に運ばれてしまったときの様子を示しています．

　平成5年の北海道南西沖地震では，やはり避難が間にあわず，奥尻島を中心に火災や津波で死者・行方不明者が200人以上に達しました．さらに

17

1章　過去の主な災害と避難の課題

溯ってみると，昭和58年（1983年）5月の日本海中部地震による津波では約100名の犠牲が出ましたが，そのうち約40名が護岸工事中の作業員，釣り人が18人，遠足中の小学生13人などでした．

（火山噴火分野）

平成3年（1991年）6月3日，長崎県の雲仙・普賢岳の噴火にともなう火砕流に巻き込まれて，防災関係者など40人を超える犠牲者が出ました．火砕流は普賢岳の南東斜面を10km近くも流下し，途中で島原市の大野木場小学校の校舎にも火災を起こし，島原湾に達しました．筆者は噴火する直前の3月末まで，福岡管区気象台にあって技術部門の責任者でありましたが，私をはじめとして担当課である観測課の専門家の誰ひとりとして普賢岳が噴火するとは思っていませんでしたし，いわんや火砕流の発生は想定の外にありました．後日，筆者はその小学校を見に行きましたが，普賢岳ははるか彼方に見えました．図1.6は普賢岳の火砕流を示しています．

平成12年には，三宅島が噴火しましたが，全島民が無事に島外に避難し事なきを得ました．

最近の平成26年8月には，御嶽山がほとんどなんの前触れもなく突然噴火を起こしました．登山者や観光客は，噴石の降る中をまさに命からがら山小屋に避難や下山するなど懸命に行動しましたが，死者57名，行方不明者6名という戦後最大の惨事となりました．もちろん誰一人として，ガスマスクやヘルメットなど噴火を想定した用意はしていませんでした．当時の気象庁の監視では，火山性微動がやや多い状態で，噴火の警戒レベルは最低のレベル1でした．この噴火は火山噴火の予測がいかに困難かをまざまざと見せつけました．図1.7は御嶽山の噴火の様子示しています．なお，気象庁はこの噴火を受けて，後述のように噴火情報の改善を行いました．

（放射能漏洩・拡散分野）

1986年4月26日旧ソビエト連邦のウクライナに位置するチェルノブイリ原子力発電所で起きた原子力事故は，日本にも大きな衝撃と影響を与えました．当時，気象庁観測部管理課にいた筆者は，放射能事故の影響の大きさ

1章　過去の主な災害と避難の課題

図1.6　雲仙・普賢岳の火砕流

図1.7　御嶽山の噴火

19

1章 過去の主な災害と避難の課題

を今でも鮮明に覚えています．最大の関心事は放射能の日本への飛来とその影響でした．「子供が雨にあったが大丈夫か」「妊婦ですが，髪が濡れた大丈夫でしょうか」「放射能はどの辺まで広がっていますか」「今後どうなりますか」の類いの問い合わせ電話で，気象庁の電話は完全にパンクしてしまい，外部への電話発信もままなりませんでした．一方，当時，放射能の観測を継続していたのは気象庁以外にはありませんでしたが，観測データの部外公表は，科学技術庁に設置されていた「放射能対策本部」のお墨付きが必要でした．一刻も速く観測データを入手したい気象庁詰の記者達は，なぜ本部に届ける前にここで公表できないのかと，観測部の担当者に激しく詰め寄ったことがありました．国民の耳目が放射能の値に注目する日々がかなり長く続きました．

一方，気象庁は，こうした広域的な汚染物質の拡散を予測するモデルを運用していましたが，なにしろ原子炉事故の詳しい態様がわからないため，モデルを十分活用することができませんでした．

図 1.8 福島第 1 原子力発電所の水蒸気爆発の様子

1章　過去の主な災害と避難の課題

図 1.9　避難指示区域の概念図

　それから25年後の平成22年（2011年）3月，上述の「3.11」の津波にともなって，放射能が外部に漏れだし，関東地方を中心に広く拡散しました．図1.8は，水蒸気爆発を起こした福島第1原子力発電所から上がる爆発の噴煙を表わしています．こうした事故に備えて住民の避難などに資するための「SPEEDI」と呼ばれる放射性物質の拡散予測システムが有効に機能せず，結果からみれば，自宅待機あるいは別の方面に避難すべきだったにもかかわらず，結果的には一部で汚染が激しい時間帯および地域へ避難が行われてしまいました．痛恨の極みといわざるを得ません．図1.9は，水素爆発後に指定された避難指示区域などを示しています．

21

1章　過去の主な災害と避難の課題

(海難分野)

　日本では幸いにも，近年，大きな海難は発生していませんが，それでも船舶の衝突や遊魚船の転覆，遊泳中の水死などはかなり頻繁に起きています．一方，外国を見ると，韓国で起きた旅客船「セウォル号」沈没事故では，高波のための回航中の過程で船体が傾いて転覆し，約360人の乗船者のうち292人が死亡したと報道されています．また，中国の長江では，フェーリーが暴風雨で転覆し，約450人の犠牲者が生まれました．

　もう半世紀以上になりますが，昭和29年（1954年）9月，函館港にあった青函連絡船「洞爺丸（全長114m，総トン数4,337トン）」（図1.10参照）が，出航後間もなく，横転・沈没するという大惨事があり，この事故を契機に船舶の運行管理や気象情報の改善などが図られたことから，簡単に触れたいと思います．

　洞爺丸は台風15号が日本海を北海道に接近していた最中，一時的な天候回復下で出港しましたが，間もなく激しい風浪で座礁・横転し，1,100名を超える犠牲者を出した．また，この台風によって，洞爺丸以外に青函連絡貨物船十勝丸，日高丸，北見丸，第十一青函丸も函館港付近で転覆，沈没（乗

図1.10　ありし日の洞爺丸

22

組員計 275 人死亡）するなどして，全国では 1,130 余隻の船舶が被害をこうむりました．

　この遭難に対して，函館地方海難審判理事所において海難審判が開始され，洞爺丸の船長および一等航海士が殉職したため，「受審人」は二等航海士らでしたが，気象庁長官および函館海洋気象台長らが「指定海難関係人」となりました．一審で結審せず，二審である高等海難審判庁に控訴され，さらに最高裁判所に上告されました．結局，遭難から 7 年後の昭和 36 年 4 月に最高裁判所で上告棄却となり，高等海難審判庁の裁決通りとなりました．その主文は「本件遭難は，洞爺丸船長の運航に関する職務上の過失に基因して発生したものであるが，本船の船体構造，青函連絡船の運航管理が適当でなかったこともその一因である」とされました．

　当時は，台風自身の構造などの解明も十分ではなく，また現代のような数値予報（注：コンピュータを用いた天気予報で，昭和 34 年に産声をあげました）に基づく台風進路予報もない時代でした．また昭和 22 年には宇高連絡船の「紫雲丸」が霧の中で他船と衝突・沈没し，168 名の犠牲者を出しました．

2章　備えと避難の知恵

　台風は一般に発生から衰弱・消滅まで1週間程度の時間（寿命）がありますから，備えや避難までにも同等の猶予時間がありますが，竜巻の場合は寿命がたかだか数時間程度で，しかも発生も突発的で進路の予測もほとんど不可能であるため，猶予時間は極めて短く，したがって発生を知った瞬間から，避難の必要性の判断が必要です．他方，津波の場合は，その原因となる地震の予測は困難ですが，津波の伝播速度は水深に一義的に依存することから，避難の猶予時間は震源域から沿岸域までの距離とその間の水深が問題になります．実際，外洋を進む津波はジェット機並みに早いですが，沿岸域に入ると急速に遅くなります．

　したがって，種々の災害に備えるためには，平素から自分の置かれている地理的な環境および災害環境を把握しておくことが重要です．一方，災害に備え，身を守るためには，何といっても現象の発生に関する情報を一刻も早く捉えることが肝要です．そして防災関係からの情報や指示，テレビの情報をただ受動的に待つだけではなく，自ら積極的に情報にアクセスし，総合化した判断が必要です．とくに最近は，ラジオ，テレビ以外にインターネットやスマートフォンなどが急速に普及しているため，それらの適切な利用も是非心がけるべきでしょう．

　この章では，種々の災害に対する備えや避難に役立つ知恵として，地理的および災害の環境の把握や情報の入手方法について触れ，あわせて後章で触れる現象のもつ猶予時間，災害に介在する媒体の性質，運動の原則，台風や津波などの現象の特質などを基に，避難のためのアドバイスをまとめました．

2.1　地理的環境の把握

　平素から自分が置かれている地理的な環境をよく知っておくことは，いざ避難が必要というさいにきっと役立つはずです．

2章　備えと避難の知恵

　雨による洪水や浸水，津波による水流や浸水は，その媒体が水という「流体」であることから，物理的な原則に従って振る舞います．水は，川の流れにみるように，標高が高いほうから低い方に流れます．すなわち，水にも重力が働くので，水は水面の傾斜を緩める方向に流れ，また傾斜が急なほど流れが加速されます．河川から水が溢れた場合や決壊した場合は，必ず標高の低い方向に流れ，また標高差が大きいほど流れは強くなります．逆に浸水してゆく順番からみれば，標高の低い方から始まります．

　したがって，水害に備えあるいは避難をするためには，自分のいる場所および周囲の標高を知っておくと便利です．この作業にもっとも適しているのは，国土地理院が発行している「2万分の1」地図です．この地図上では1cmの距離は250mで，しかも10mおきに等高（標高）線が引かれていますから，非常に便利です．1枚の地図は南北が8km，東西が10kmです．この地図を利用して，自己の標高（平均海面からの高さ），河川，橋，池や用水路，道路，鉄道などがわかります．その地図上に，まず自分の場所を赤

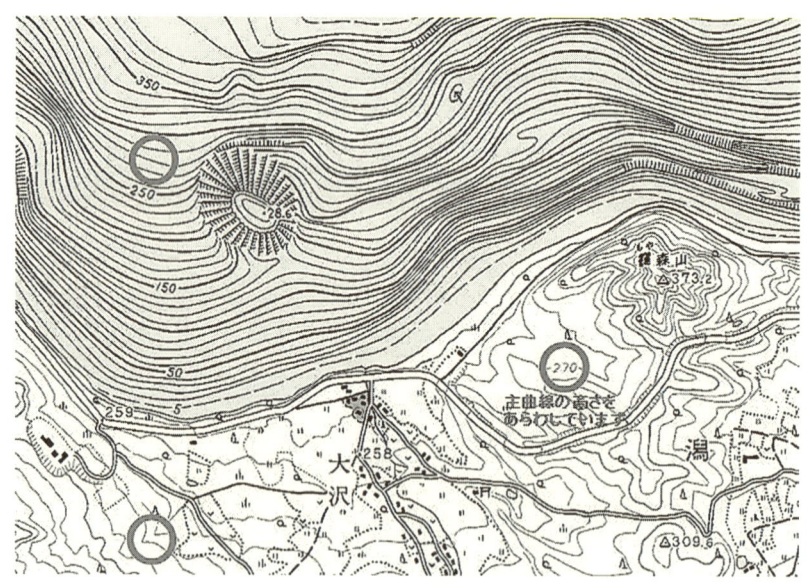

図2.1　2万5千万分の1地図例（国土地理院）

でマークし，自治体などが定めている避難所，河川や池，道路などにそれぞれ印をつけます．また，等高線は水の線路あるいは等浸水線でもありますから，洪水や津波の際の危険性が一目瞭然です．とくに標高が 10m の等高線を太くマークしておくことは，津波で避難をしなければ場合に役立つはずです．その他，マークするポイントしては，ガソリンスタンドや化学工場などが上げられます．

図 2.1 は，国土地理院発行の 2 万 5 千分の 1 地図の例です．

ちかごろは，自治体によっては道路脇の電柱などに海面よりの高さを表示してあるところもあり，日常的に確認しておくといいでしょう．

つぎに大事なことは，その地図を持って家族や職場で周囲を実際に踏査してみることです．避難に要する時間と体力などを実感できると思います．とくに夜間においても是非行っておくべきです．夜間は方角の検討がつきにくいですが，実益を兼ねて，星座の勉強をしておくと，磁石がなくても，晴れていれば方角がわかります．

2.2 ハザードマップ

どこに住んでいようと旅行中であろうと，大なり小なり，自然および人為的な現象による災害リスクから逃れることはできません．最近，種々の災害に備えたハザードマップの作成が多くの自治体で進んでおり，公開されています．ハザードマップは，まさに災害を想定して作成されたものであり，災害環境の把握の基礎資料です．対象は洪水，内水，高潮，津波，土砂災害，火山などで，当該の自治体の持つリスクの高いものが対象となっていることから，その活用は避難にとって最大の武器となります．前節の地理的環境の把握と合わせて活用すべきです．図 2.2 に洪水による浸水ハザードマップの一例を示します．国土交通省は，こうしたハザードマップの全国的なポータルサイトを持っていますので，自分のところの状況を閲覧することが可能になっています．なお，現在，このようなハザードマップの作成が急ピッチで進められているので，最新の情報を入手する必要があります．

2章 備えと避難の知恵

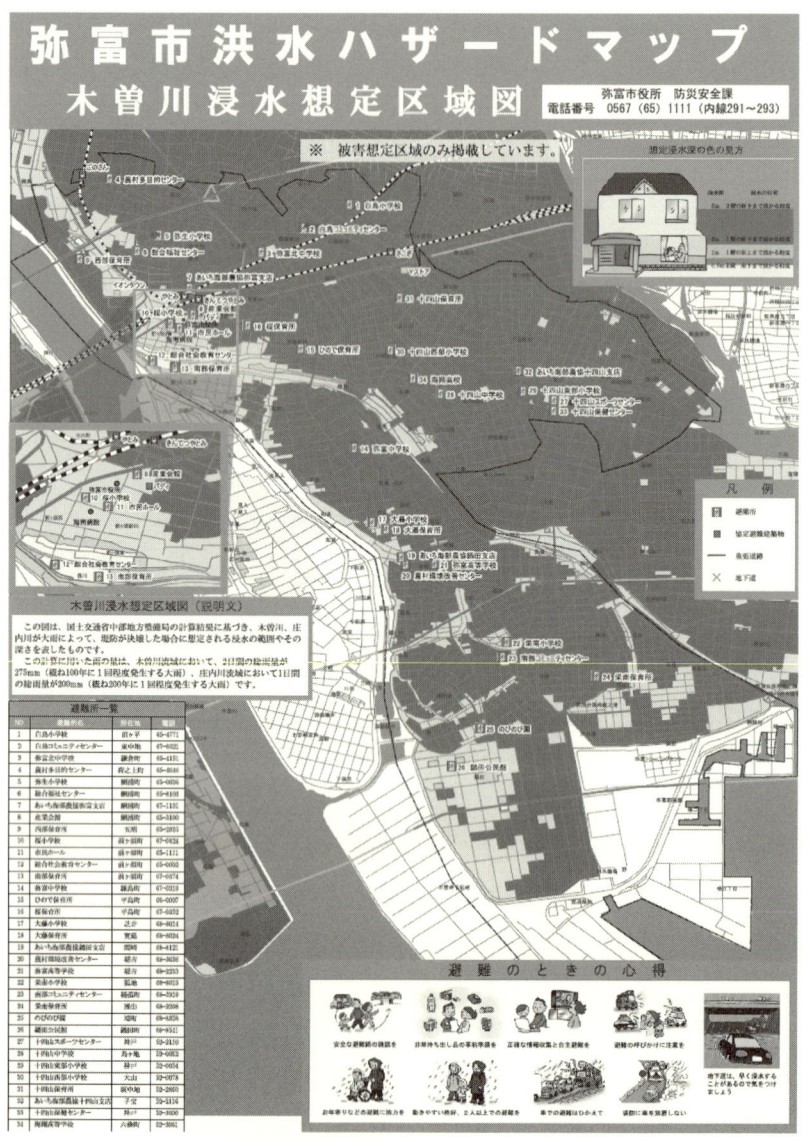

図2.2 愛知県弥富市の洪水ハザードマップ（弥富市ホームページより）

2.3 テレビ，スマートフォン，インターネットの利用

　土砂崩れや津波などによる災害のおそれが高い場合，あるいは発生した場合には，今やその状況があらゆるメディアがラジオやテレビなどを通じて報道されますし，種々の機関もホームページなどで公開しています．これらの内，気象警報（特別警報を含む）は，気象業務法によって，気象庁には一般への周知義務とともに，NHK，国の機関および都道府県への伝達義務が課せられています．さらに伝達を受けた者は，ただちに，あるいは速やかに一般への周知を図ることが義務づけられています．卑近な例は，NHKによる臨時の放送や市町村における防災無線による放送であり，気象庁の記者会見です（付録の法制度を参照ください）．

　しかしながら，テレビや放送による周知は，耳と目を通じて行われ，かつ一過性であるため理解しにくく，また誤って受け取られる場合もあります．近年のIT社会の発展は，たとえそれが緊急的な情報であっても，テレビのデータ放送，インターネットを通じて入手することが可能となっています．したがって，パソコンが苦手な人でも，このさいスマートフォンやインターネットの環境を用意することをお勧めします．タブレットも十分役立ちます．インターネットの環境があれば，台風や津波などの現象がない時間帯に，本書で述べている事柄についても，ネットを通じてゆっくり学ぶことができると思います．

　まず気象庁から部外に情報が提供される仕組みおよびルートについて図2.3に示します．

　気象庁が生産および提供を行っている情報のうち，法律によって伝達が義務づけられているものは，直接に相手先に専用回線を通じて提供されています．それ以外の天気予報などは，（公益社団法人）「気象業務支援センター」を通じて関係者に提供されています．具体的に，業務法で定められている気象警報などは，オンラインで内閣府や警察庁，国土交通省，都道府県などに伝達されています．他方，気象庁は「防災情報支援装置」を構築しており，

2章　備えと避難の知恵

気象情報の提供形態

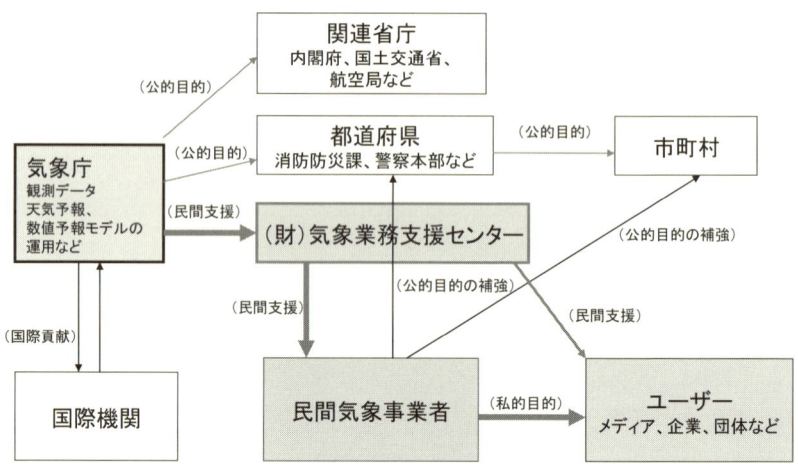

図 2.3　気象庁からの情報提供の仕組み

　関係都道府県のほか，市町村レベルまで防災情報を提供して，情報を共有し，市町村長が行う「避難勧告」や「避難指示」などの業務を支援しています．これはインターネットを利用したイントラネットで構成されてり，もちろん無料です．

　一方，NHK のほか種々の民放，天気情報会社などは，図中の「民間気象事業支援センター」から通信回線を通じて，気象予測や地震などの情報を即時的に入手・購入し，それらを編集するなどして利用しています．なお，同センターは過去の観測値や天気図などのデータなども CD などの電子媒体で提供しています．

　ちなみに，同センターは，気象庁から「気象予報士試験」を実施する機関として，指定されています．

（気象情報の入手先）

　以下に，参考となる情報源のホームページ　アドレスとその概要を記します（順不同）．

2.3 テレビ，スマートフォン，インターネットの利用

- 気象庁：http://www.jma.go.jp
  気象業務に関するほとんどすべての情報が掲載されています．天気予報，種々の基礎知識，過去の観測データや天気図など
- 公益社団法人「日本気象協会」：http://tenki.jp
  天気予報などのほか，気象に関する種々の情報を掲載しています．
- ウエザーニュース：http://weathernews.jp
  天気予報などのほか，気象に関する種々の情報を掲載しています．
- 北海道放送（HBC）：専門天気図　http://www.hbc.co.jp/pro-weather
  気象庁が公開している天気図などを，一般にも公開しています．
- 日本気象学会：http://wwwsoc.nii.ac.jp/msj
  気象に関する種々の研究成果のほか，一般にも公開されている種々の研究会などの情報が掲載されています．
- 米国大気海洋庁気象局（National Weather Service）：http://www.nws.noaa.gov
  言語は英語ですが，気象・海洋に関する膨大な情報が掲載されています．
- 世界気象機関（WMO：World Meteorological Organization）：http://www.wmo.int
  日本もその一員ですが，気象に関する国際的な事項，加盟国が発表している天気予報，加盟国のアドレスなどが掲載されています．興味がある読者は，各国の気象サービスのほか，観測データや天気予報も知ることができます．
- （財）気象業務支援センター：http://www.jmbsc.or.jp
  気象庁が生産するほとんどすべての過去・リアルタイム・予測データ（地震，海洋を含む）をユーザに提供しています．過去データはCD-ROMやDVD，リアルタイムおよび予測データはコンピュータ通信で提供しています．ただし，対象に応じて経費がかかります．
- ワイオミング大学の気象サイト：http://weather.uwyo.edu/
  英語ですが，世界各地の地上およびラジオゾンデの観測値が掲載されて

います．
- オクラホマ大学の気象サイト：http://hoot.metr.ou.edu
  英語ですが，世界各地のラジオゾンデの観測値などが掲載されています．
- 国際気象海洋：http://www.imocwx.com/
  各種海洋・気象情報を提供しているほか，気象庁の予想天気図なども閲覧できます．
- 東京電力の気象情報サイト：http://thunder.tepco.co.jp/
  雨量のほか，雷情報が閲覧できます．
- フランクリン　ジャパン：http://www.franklinjapan.jp/
  雷の実況のほか，予測などを閲覧できます．
- いであ：http://ideacon.jp/company/history/index.html
  各種気象情報の提供を行っています．

2.4　避難のためのアドバイス
2.4.1　台風（高潮）

　台風にともなう風は北半球では必ず左巻き（反時計回り）です．また，台風は移動スピードを持っていますから，ある点での風向・風速を観測しますと，台風のスピードと台風自身が持つ風の場が重畳した風となっています．したがって，台風の進行方向の右半円は左半円に比べて風が強くなり，逆に左半円では互いが打ち消すため弱くなります．したがって，航海術では，船舶が台風に遭遇する可能性がある場合は，台風の進路を見ながら，一般に左半円に入るように運航します．左側の半円は「可航半円」と呼ばれ，反対側は「危険半円」と呼ばれます．図2.4は，この様子を示したものです．

　つぎに台風が近づいてくる場合の風への対策を考えてみましょう．図2.5は，南から台風が接近してくる場合に，自分の場所で風向がどのように変化することを示したものです．台風にともなう風の吹き方を理解しておけば，進路の確認などができるので，窓などの補強にも役立ちます．

　図は，台風が北上してくる場合に，自分のところの風の時間変化を観測す

2.4 避難のためのアドバイス

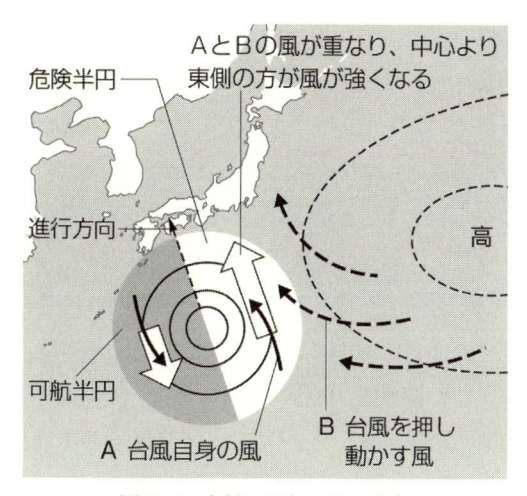

図2.4 台風の周りの風の分布

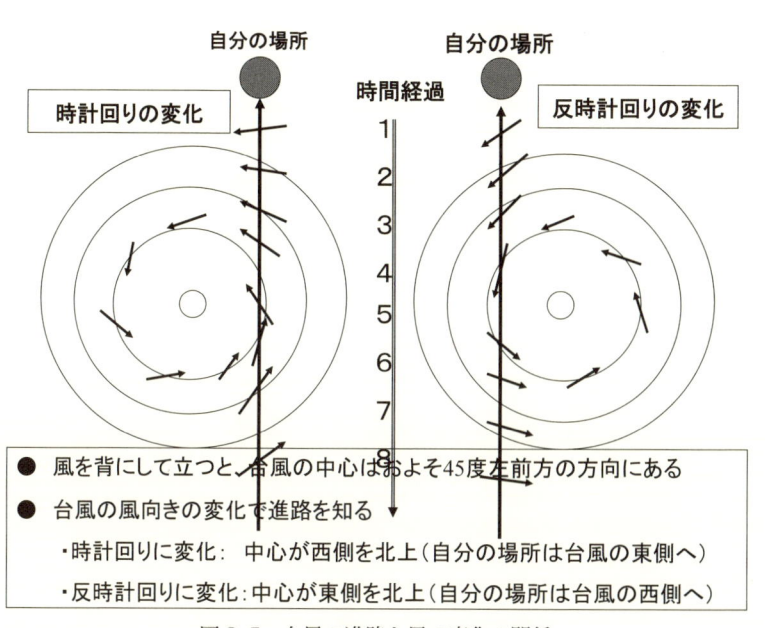

図2.5 台風の進路と風の変化の関係

- 風を背にして立つと、台風の中心はおよそ45度左前方の方向にある
- 台風の風向きの変化で進路を知る
  ・時計回りに変化： 中心が西側を北上（自分の場所は台風の東側へ）
  ・反時計回りに変化：中心が東側を北上（自分の場所は台風の西側へ）

33

2章　備えと避難の知恵

ることによって，自分の西側を北上しているか，反対に自分の東側を北上しているかを説明したものです．左右どちらの図も，台風にともなう左巻きの風が矢印で示されています．また，太い矢印のついた直線は，それぞれ，その場所で台風を南北に切った線を示し，各点での風向がプロットされています．台風が西側を北上している場合は左の図に相当し，北の方から南に向かって風の変化を見ると，風向は東寄りから徐々に南東へ，南へ，南西へと変化しています．したがって，自分のところで風の時間変化を観測すると，台風の北上につれて風は「反時計回り」に変化します．右側は，台風が東側を北上する場合で，この場合は，風は「時計回りに」に時間変化します．

近くに正規の風の観測ポイントがなければ，樹木の枝の揺れ具合や煙突の煙，下層の雲の動きなどから風向きの変化が判断できます．「月にむら雲，花に陰」と言いますが，月面を過ぎる雲の動きからさえ，上空の風向きがわかる可能性があります．

つぎに台風にともなう洪水などは，「降水短時間予報」や「降水ナウキャスト」などが，また土石流などは「土壌雨量指数」などが参考になりますが，いずれもテレビのデジタル情報やインターネットの環境が必要です．

（高潮）

高潮は台風にともなう風によって，湾の風下側に海水が吹き寄せられて，海面全体が数mも上昇し，しばしば海水が堤防を越え，ときには堤防が決壊して，住宅地にあっという間に浸水を起こします．高潮は湾央に向かう風が強く，また持続時間が長いほど高くなります．さらに実際の海面は，高潮に台風にともなう高波の成分が加わります．したがって，台風の進路に注目し，台風にともなう風の吹き方を念頭に置くことにより，備えや避難に役立つはずです．当然，「高潮ハザードマップ」を点検しておきましょう．

なお，高潮で注意すべきことは満潮との関係であり，満潮時刻と高潮の時刻が重なりますと，その分だけ海面が上昇することです．

2.4.2 竜巻

　竜巻は，中心付近に猛烈な強風を持つ渦巻きで，もし巻き込まれると命を奪われる危険性があります．しかしながら，その規模はせいぜい1km程度で，寿命も1時間程度ですから，発見が早ければ避難や退避は十分可能です．竜巻に対する備えは，まず自分の周辺に積乱雲が発達しているかのみきわめが大事です．竜巻のほとんどは激しい積乱雲にともなうからです．気象庁は，このよう場合には「雷注意報」を発表します．また，竜巻の可能性が高まった場合は，「竜巻警戒情報」が発表されるので，まず状況を把握します．

　竜巻の可能性をみる一番の情報は，「レーダー・ナウキャスト」の降水，雷，竜巻画像を見ることであり，テレビのデジタル情報あるいはインターネットで可能です．そこでもっとも注意すべき点は，どこが降水が一番強いか，過去どのように移動してきたか，今後，どう移動するか，そして自分とどのくらい離れているかです．とくに距離が離れており，進行方向が自分の方に向かっていなければ問題はありませんが，近傍にある場合は，気象庁がよくアナウンスしているように「近くの頑丈な建物に避難すべきです」．いずれにしても，竜巻は非常に劇的な現象ですが，上述の情報に留意して判断すれば，大丈夫です．

2.4.3 津波

　津波が発生した場合は，後述のように気象庁から「津波警報」や「津波情報」が発表され，ただちにラジオやテレビで放送されますから，まずこれらを確認することです．また，前述の地図および「津波ハザードマップ」を参照すべきです．津波はかなり強い地震が海底で発生し，津波が発生することから，「緊急地震速報」の入手は初動として受け取るべきです．家庭でも，旅先でも，ドライブ中でも，ある程度強い地震を感じたら，ひとまず安全な場所への行動を起こし，そこで津波の有無を確認することが大切です．とくに沿岸域をドライブする人は，ラジオをモニターするとともに，自分のいる

2章　備えと避難の知恵

場所のおおよその標高を認識しておくべきです．

2.4.4　火山噴火・噴煙

火山噴火や火砕流の可能性がある地域では，火山ハードマップが用意されているはずですから，まず事前に参照しておくこと，さらに気象庁や大学などで行われている「火山性地震」や「火山性微動」のデータも確認しておくことが望まれます．

なお，噴煙の流れる方向は，晴れていれば眼で確認できますが，気象衛星の画像のほか気象庁の天気図などを参照することができれば，等圧線と風の関係から，風向きを推察することも可能です．ちなみに筆者は「等圧線は風の線路である」といろんな席で主張していますが，実際の風も等圧線にほとんど平行に，気圧の低い方を左に見ながら吹いています．気象学では「地衡風」呼びます．ただし，地表面付近（約1,000m以下の層）では，風は等圧線を横切って低圧側に吹き込んでいます．

図2.6は等圧線と風の吹き方を説明したものです．なお，等圧線が円形

等圧線と風の吹き方

風は、近似的に「地衡風の関係を満たしている」
・地衡風とは、気圧傾度に起因する「気圧傾度力」とコリオリ力（転向力）が、向きが反対で釣り合っていると仮定して導かれる仮想的な風である。
・実際、上空では風は近似的に等圧線に平行に、気圧の低い方を左に見るように吹く。（左側）
・地表付近では、摩擦が働くため、風は2, 30度等圧線を横切って低圧側に吹き込む（右側）。

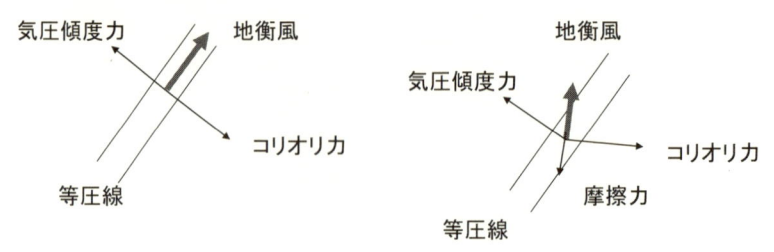

図2.6　地衡風の概念図（等圧線と風の関係）

の場合もこのような風が存在し,「傾度風」の関係と呼ばれます.たとえば,台風のように等圧線が円形の場合は,やはり等圧線に沿って吹いています.

2.4.5 火災,放射能

火災にともなう煙は,風下に流れ,延焼などをもたらします.山火事でも同様です.もし,避難を怠ると命につながります.また,原発事故による放射性物質も風に乗って風下に拡散します.このような場合の風の把握方法は,すでに述べた通りですが,山火事の場合に注意すべきことがあります.暖かい空気は上に向かうという原則です.山の斜面では,山に向かう気流はせき止められて迂回して流れるか,斜面に沿って上昇します.一般に,昼間は山の斜面が暖まるので,山頂に向かう上昇気流が発生します.したがって,山火事に遭遇した際は,現場と自分との距離にもよりますが,頂上に向かうことは避けて,速やかに下山を考えるべきです.

2.4.6 物の高さ,方角の簡便な見分け方

(距離と物の高さ)

雷雨や竜巻の可能性があるとき,望見される積乱雲が自分からどのくらい遠くに離れているかを知ることは,避難の判断を行うさいにも重要です.図2.8に示すように,積乱雲の高さをH,そこまでの距離をLとしますと,直角三角形が描けます.かりに,積乱雲のてっぺんが1万メートルm(か

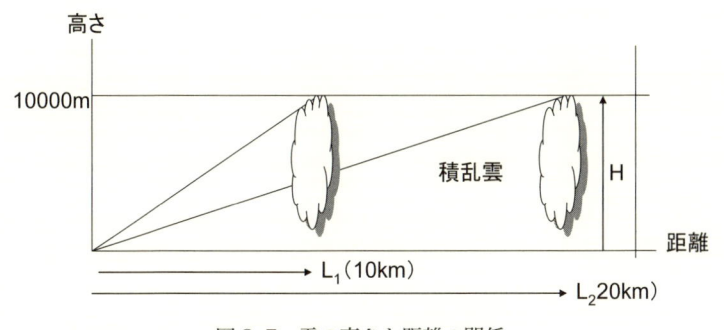

図 2.7 雲の高さと距離の関係

なり発達した場合に相当します）としますと，そこまでの距離は，てっぺんを見込む角度によって変化します．45度であれば距離はL1＝10kmです．自分に向かっていれば，すぐに近づいてきます．角度が半分の25度であれば，約20km（L2）遠方となります．

ちなみに，手を前方にかざした時の角度（視角といいます）の目安は，物が指1本に隠れる角度が約1度，5本の指全部が隠れる場合が約10度，手の平を一杯に広げた場合が約20度です．したがって，1万メートルの積乱雲が5本の指に隠れるほどに見えたら，雲は20km先であり，竜巻の可能性もありますから要注意です．

つぎに我々は地球という球体の上に生活していることから，物の高さの見え方は，水平面上に比べて異なり，距離が遠い物ほど沈んで見えます．海岸で沖の船を見るとマストだけが見える場合や喫水線が見えない場合がよくあります．いずれも地球が丸いためです．物の高さ（H）と建物までの実距離（L）の関係は，次の式で近似されます．

$$L = 4\sqrt{H}$$

ここでHはmでLはkmです．たとえば，Hとして実際の高さが10mのものが海の上にあるとしますと，岸辺から，そこまでの実距離は，この式から約12kmとなります．また，あまり意識しませんが，私達が岸辺で見ていると思っている水平線は，実はたかだか5km程度先です．沖行く船が全部見えないのも道理ですね．

沖合いで遭難しては困りますが，この式によれば，波間からビルなどが望見されたら，岸辺までは10km程度であることを意味しています．

なお，先の図2.7の三角形は地表が水平面だとした場合であり，球の上でみれば距離は幾分長くなります．

（方位の簡便な見分け方）

磁石を持っていれば方位はわかりますし，星座を知っていれば，夜間でも晴れていれば方位がわかります．もう一つ，腕時計を持っていれば，太陽を利用して方位がかなり正確にわかります．日本標準時の基準である東経

2.4 避難のためのアドバイス

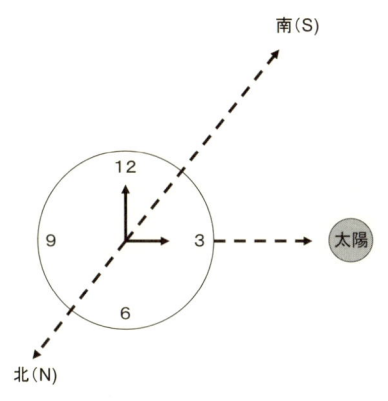

図2.8 腕時計で方位を知る方法

135度上では，正午に太陽が真南に来ます．時計の文字盤で見れば12時の方向です．地球は24時で一回転しますから，経度で見れば，太陽は1時間に15度の割合で西に進みます．一方，時計の短針は1時間に30度進みます．したがって，時計の文字盤を磁石に見立てて，短針を太陽の方向に向け，その短針方向と文字盤の12時の位置とのちょうど真ん中が南ということになります．午前も午後でも同じです．たとえば，午後3時としますと，太陽は15度×3時間＝45度だけ正午から西へ移動していますが，時計の短針はその間に倍の90度回転することになります．図2.8にその様子を示します．なお，東経135度より東に行くにつれて，太陽は少し西に進むので，南は上述の真ん中より心持ち左になります．135度より西では，逆に南は右になります．

3章　避難の猶予時間—現象の時間・空間スケール

　この章では，現象の発生から襲来までの時間，したがって備えと避難の猶予時間は，現象が本来的に持つ寿命や継続時間，空間的広がり，移動速度に密接に関わることについて記述します．このことの理解により，より適切な避難につながると思います．

3.1　現象の時間・空間スケール

　春，寒い日が2, 3日続くと，その後には暖かい日がしばらく続くことは，しばしば経験することであり，古来「三寒四温」といわれます．中国大陸上で生まれて東にやってくる低気圧と高気圧が交互に日本付近を通過するさいの一連の温度変化を称したものです．このことは高・低気圧が固有の温度分布を持ち，またそれが東に移動（伝播）していることの裏返しにほかなりません．台風では直径がしばしば1,000kmに達し，発生から消滅まで1週間程度の寿命があります．竜巻の場合は直径がたかだか1, 2km程度で，寿命も数時間程度です．夏の日に青空を背景にカリフラワーのようにもくもくと湧き上がる積乱雲は，大きくても10km程度の広がりを持ち，寿命は1時間程度です．また，いわゆる「にわか雨」は「馬の背を分ける」といわれるほど局地的で，しばらく待てば雨は上がります．他方，日本付近の上空を吹く偏西風は，南北に蛇行を伴いながら，地球を取り巻いていますが，その蛇行の変化は緩慢です．

　一方，これらの現象は一見，独立して存在し，振る舞っているように見えますが，決してそうではなく，つねに他の現象と相互に影響し合って生起しており，複雑系の現象と呼ばれています．しかしながら，個々の現象の空間的および時間的広がりに注目すると，現象はそれぞれ固有の空間的および時間的広がりを持っていることがわかります．現象の空間的広がりと寿命などについて統一的に眺めてみましょう．

3章 避難の猶予時間―現象の時間・空間スケール

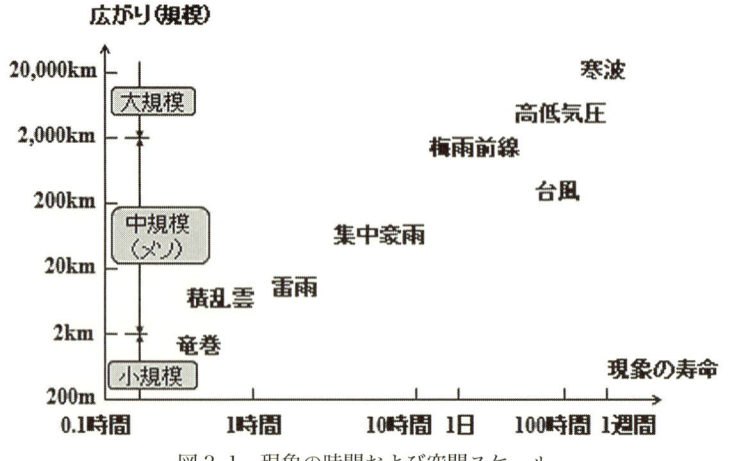

図3.1 現象の時間および空間スケール

　図3.1は大気中に生起する諸現象を空間スケール（広がり）と時間スケール（長短）で整理したものです．横軸は距離，縦軸は時間です．ここで空間スケールとして，高・低気圧などの場合は，その形状を一種の波動的な現象と考えて，低気圧（または高気圧）の中心からつぎの低気圧（または高気圧）の中心までの距離を一波長と考え，また台風や竜巻，雲のような孤立した現象の場合は幾何学的な塊の大きさを考えます．時間スケールは，波動的な現象の場合はその周期を，台風や雲などの場合は発生から消滅までの時間（寿命）を考えます．

　この図にみるように，大気中に生起する現象は，竜巻などの局地的でまた寿命の非常に短いものから，台風のような1,000kmの規模で1週間程度の寿命を持つもの，低気圧のような数千kmの広がり，さらに5,000kmに達するような偏西風の蛇行など地球規模のスケールを持つものに分かれます．

　なお，現象の空間スケールとして，小規模，中規模（メソ），大規模のように分ける場合があり，たとえば，中規模現象はメソ現象とも呼ばれ，空間スケールが2kmから2,000kmまでを意味し，積乱雲，雷雨，集中豪雨，台風などが含まれます．

　この図で重要なことは，一般に，空間スケールが小さいものは時間スケー

3.1 現象の時間・空間スケール

図 3.2 「ひまわり」の赤外画像 (2013.10.14)

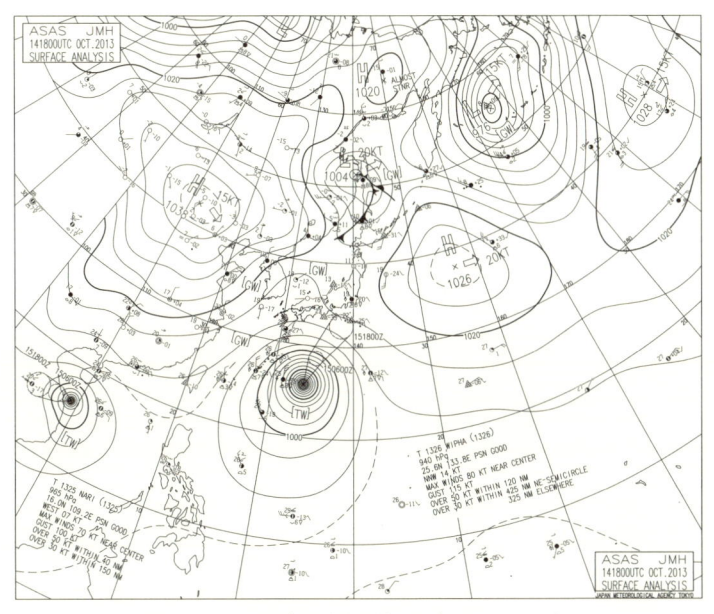

図 3.3 台風時の地上天気図 (2013.10.14)

43

3章 避難の猶予時間―現象の時間・空間スケール

ルも短く，逆に空間スケールが大きいものは時間スケールも長いということです．このことは，避難を考える際にも極めて重要な基本的事項といえます．かりに台風が対象であれば，ひとたび来襲すればその影響は長くなり，竜巻であれば，ごく短時間で終わることを意味しており，あらためて触れます．

　この図中に寒波として表わされているのは，偏西風の谷が南に蛇行して，その西側に寒気が流入して，日本付近が北寄りの寒波に見舞われるような地球規模の現象（偏西風の蛇行）を意味しています．

　ここでは台風と積乱雲の二つを例にスケールについてさらにみてみましょう．

　図3.2は気象衛星「ひまわり」の赤外画像で雲の分布を現わしたものです．「ひまわり」の画像は赤道上空約36,000kmの静止軌道上から地球を見下ろしたもので，そのうち「赤外画像」と呼ばれる画像は，このように低温ほど白く見えるように処理されているので，白い部分は雲頂高度が高いこと

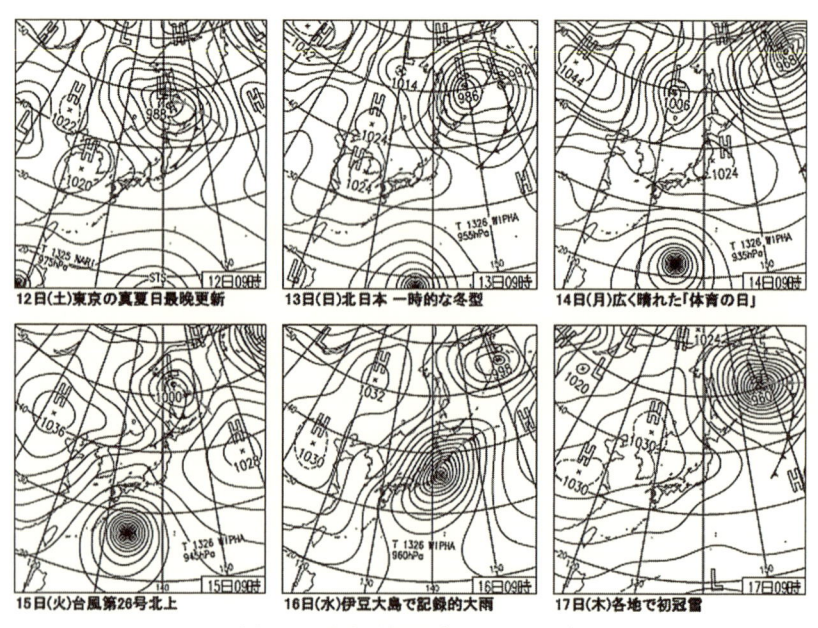

図3.4　地上天気図（12日〜17日）

3.1 現象の時間・空間スケール

を意味しています．ちなみにこの台風は，2013年10月中旬に伊豆大島に土砂災害をもたらした台風26号です．

　図3.3は同じときの地上天気図です．一番外側の円形の等圧線の広がりぐあいから，台風の循環が1,000km程度のオーダーであることがわかります．なお，図3.2の赤外画像を見ますと，台風の前面や北東側では雲域がさらに大きく広がっています．

　今度は台風の寿命（時間スケール）をみてみましょう．図3.4の一連の天気図は連続する6日分の地上天気図です．

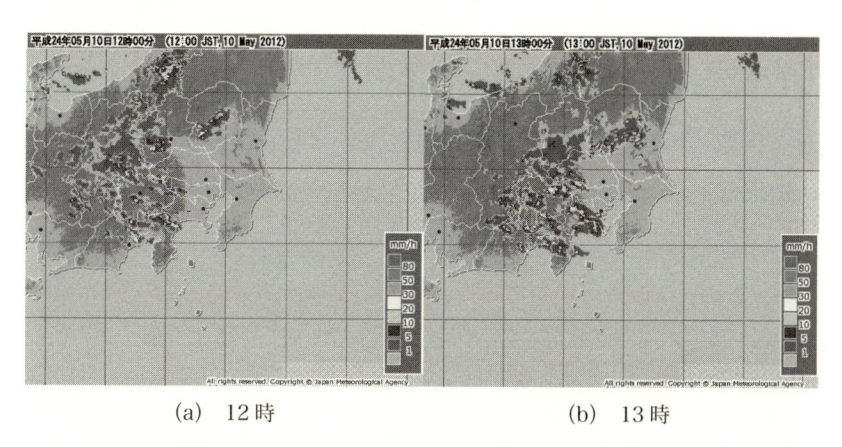

(a)　12時　　　　　　　　　　　(b)　13時

(c)　14時　　　　　　　　　　　(d)　15時

図3.5　関東地方に突風や雹をもたらした時の気象レーダ画像

45

3章 避難の猶予時間——現象の時間・空間スケール

　台風はこのように1,000km規模の空間的広がり（スケール）と1週間程度の寿命（時間スケール）を持っているのがわかります．

　つぎに激しい突風や雹，雷，竜巻をもたらしうる積乱雲について眺めてみましょう．積乱雲が急激に現われて大雨をもたらす場合は，いわゆる「ゲリラ豪雨」などとも呼ばれますが，積乱雲がある場所にとどまったり，つぎつぎに通過する場合には，集中豪雨をもたらします．

　図3.5 (a) (b) (c) (d) は，関東地方に突風や雹をもたらした時の気象レーダーの画像で，12時から15時までの3時間分を1時間おきに示しています．

　これらの図を見てわかることは，雨をもたらしている積乱雲がかなり短時間のうちに発生し，発達しながら形を変えていることです．積乱雲の空間ス

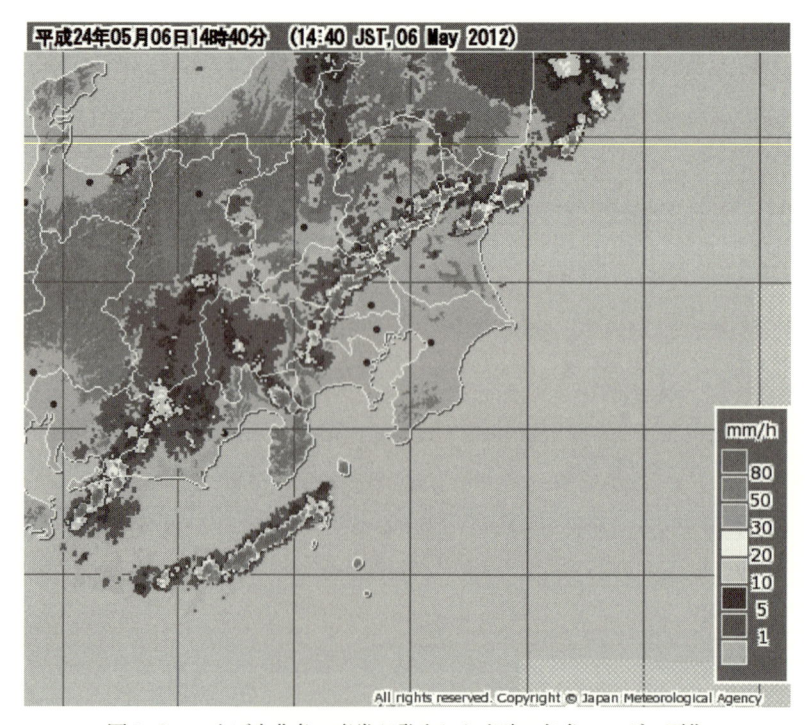

図3.6　つくば市北条で竜巻が発生した当時の気象レーダー画像

ケールが10km程度で，時間スケールが数時間であることを示しています．しかしながら，単独の積乱雲が非常に発達してずっととどまる場合（スーパーセル：巨大細胞）や積乱雲の集合体が長時間持続する場合など，積乱雲の振る舞いは周囲の環境条件に大きく依存すします．図3.6は，つくば市の北条で竜巻を発生させた直後の気象レーダー画像の一枚です．このときは積乱雲が線状に並んで発達し，つくば市付近を襲いました．

3.2 避難の猶予時間

　現象や事象が発生してから，実際に当該の地に襲来あるいは災害が起きるまでの避難の猶予時間は，台風のように1週間程度の余裕がある場合から，洪水や浸水など数時間程度の余裕，津波のように分あるいは時間単位，さらに地震や土砂崩れのように突然に起きる場合まで，大きな幅を持っています．したがって，対象とする現象によって猶予時間，すなわち備えや避難の戦略がまったく異なるはずです．放射性物質の飛散や拡散，火災，噴煙の場合では，とくに風向と風速，持続時間などが重要です．水象の分野では，高潮のように水位が静的に徐々に上昇する場合や，逆に津波の場合は水位が急激に上昇・下降し，また強い流れを生じます．また，浸水や洪水の場合は水位の上昇と流れの両者をともないます．したがって，避難にあたっては，対象となる現象について，あらかじめ現象の基本的な特徴を理解しておき，行動を起こす必要があります．以下に1, 2の例を挙げながら猶予時間あるいは避難の考え方について述べます．

（台風の場合）

　台風は本州の南方洋上で発生して北上し，数日を経て日本に接近あるいは上陸し，暴風や大雨，さらに高潮，洪水や浸水，土砂崩れなどの事象をもたらします．しばしば竜巻もともないます．現在でももっとも警戒すべき対象といえます．台風は，反時計回りの強風をともなっているので，自分の場所における暴風域などは，台風との相対的な位置関係に直接的に依存します．しかしながら，雨の分布は周辺に前線がある場合や地形の影響を受けるため，

3章 避難の猶予時間—現象の時間・空間スケール

接近や上陸の以前に大雨となり得るので，自分の位置との関係は必ずしも一義的ではありません．洪水や浸水，土砂崩れなども同様です．むしろ，台風がかなり遠方にある時から，大雨が降る可能性があります．さらに留意すべきことは，洪水や土砂崩れなどは，ある時間帯や期間の雨量の蓄積に依存することから，台風の通過後に発生することがしばしばあることです．

したがって，台風の猶予時間は，その発生および進路予報が発表された時点から起算されます．現在，台風進路予報モデルは5日程度先まで行われているので，猶予時間は1週間程度と考えられます．一方，竜巻では数時間程度前に，発生の可能性を予測することが可能となっていますが，それはあくまでも県域規模の広がりのどこかで発生する潜在的可能性（ポテンシャル）であり，実際にどこで発生するかの予測は困難です．このため竜巻では避難のための猶予時間は実質的に発生時刻から起算され，対象地点に襲来するまでの時間となります．他方，津波の場合は，震源域で津波が発生し，沿岸域に襲来するので，猶予時間は，震源域と対象地点までの距離とその間の水深に依存します．このような事例を念頭に，避難にさいしての猶予時間について整理してみます．

猶予時間は，一般にある時刻，ある場所で自然あるいは人為的現象が発生し，それらが当該の地で人的な被害が生じるまでの時間と考えられます．すなわち，台風や竜巻にともなう強風などの場合は，それらの現象の当該地への物理的移動（襲来）の時刻が，人的被害が生じる時刻とみなすことができます．他方，洪水や浸水などの事象の場合は，台風などの襲来に先立ち，あるいは遅れて発生します．また，現象や事象の発生について事前になんらかの予測情報がある場合があります．予測が発表されてから実際の発生までの時間は，一般にリードタイム T_f（先行時間）と呼ばれます．

したがって現象あるいは事象の発生時刻を T_0，襲来あるいは人的災害などの発生時刻を T_h とすると，避難の猶予時間（T_e）は $T_h - T_0$ となります．リードタイム T_l がある場合には，猶予時間のトータル（T_{total}）は，そのリードタイム分を加えたものになります．図3.7はこれらの関係を時間軸で

3.2 避難の猶予時間

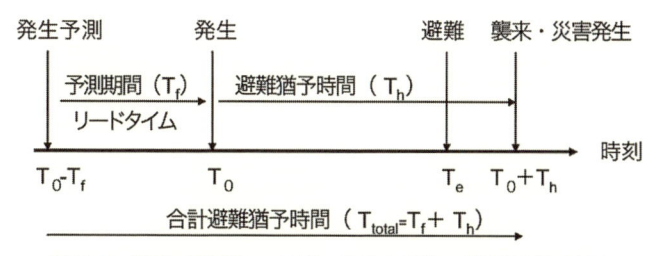

図3.7 現象（事象）の予測，発生と避難の猶予時間の関係

示したものです．理論的には，実際の避難は T_h の直前まで可能です．

図 3.7 に示すように，たとえば台風や竜巻，津波などを考え，それを A とし，A がある時刻（T_0）で，ある場所（P）で発生し，その T_h 時間後に暴風や大雨，津波などが別の場所（B）起きる（襲来）とします．すると暴風や洪水，津波災害の発生時刻は T_0+T_h となります．一方，現象 A について発生の予測技術がある場合は，その先行時間を T_f とします．

したがって，避難の準備や避難に獲得できる猶予時間の合計は，

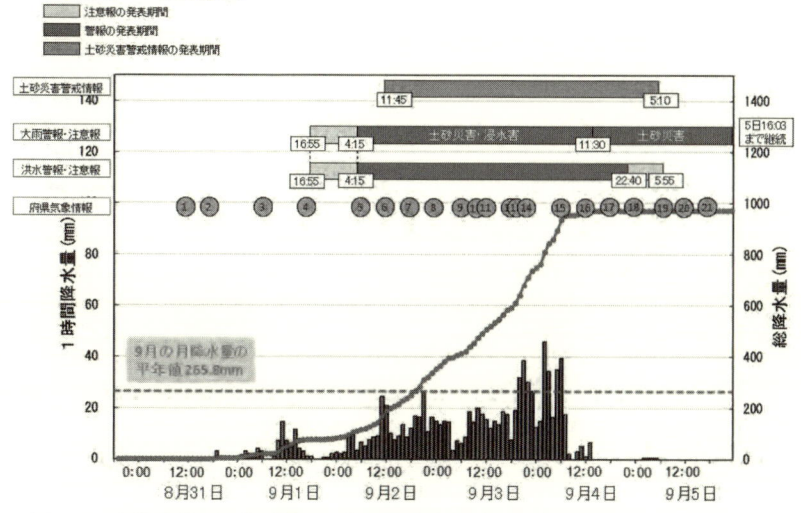

図3.8 和歌山県田辺市栗栖川の降水量時系列（アメダス，期間：8月30日17時〜9月5日24時）（和歌山地方気象台発表）

49

3章　避難の猶予時間―現象の時間・空間スケール

9/3(土)		レベル1:南部川(谷口)	
	15:50	◇水防配備態勢第3号に切り替え 　(有田・東牟婁振興局串本建設部管内) ◇配備体制2号に切り替え 　(有田振興局管内) ○水位周知河川発表 　レベル2:周参見川(望児橋)	
	16:00	【資料提供　第11報】 職員配備状況 　本庁165人、振興局432人　計597人 〈県道〉通行止め 　御坊由良線(美浜町和田)　冠水 　広川川辺線(広川町上津木～日高川町平川)　崩土	橋本市　災害対策本部　廃止 〈市町村道〉通行止め 　紀の川市　2市道(計3市道) 　橋本市　　1市道(計4市道) 　田辺市　　3市道(計13市道) 　日高川町　2町道(計2市道) 避難勧告　解除　橋本市 　学文路
	16:10		新宮警察署連絡(田長救助要請)
	16:15		避難勧告　発令　那智勝浦町 　天満、川関、中村
	16:22	〈県道〉通行止め 　すさみ古座線(古座川町鶴川～宇津木)　冠水	
	16:30	〈県道〉規制解除 　樫野串本線(くしもと大橋) 〈県道〉通行止め 　下川上牟婁線(田辺市下川下)　崩土	
	16:40		避難勧告　発令　古座川町 　全域
	16:45		避難指示　発令　田辺市 本宮町本宮
	17:00	県警本部から連絡(田長救助要請) →「新宮署へ住民から救助要請があったが、広く浸水しているので救助へ行けないので自衛隊へ派遣要請できないか。」 →新宮市、新宮市消防へ連絡。「救助が必要であればすぐに報告して欲しい」と伝える。 →自衛隊に派遣要請するか市として早急に判断するように伝える。(具体的な派遣方法の調整に入る。)	

図3.9　台風襲来時の自治体の対応記録（抜粋）

3.2 避難の猶予時間

猶予時間 (T_{total}) ＝ $T_f + T_h$　となります．

この T_{total} は，猶予時間の最長を意味し，避難はこれより以前の時刻 (Te) に行われる必要があります．

台風の場合の T_f でみると，その最長は台風進路予報における5日程度であり，竜巻の場合は，現在の予測技術では T_f は0です．発生を一刻も早く把握して，避難の是非を判断するしかありません．

ここで実際に台風が襲来した際に地元の気象台から発表された一連の情報をみてみましょう．図3.8は，平成23年9月の台風12号の際に，和歌山地方気象台が発表した諸情報の発表の時系列で，来栖川の降水量および総降水量の系列も同時に示されています．

図3.9は当時の自治体の対応状況を抜粋したものです．水防配備体制，道路の通行止め，「避難勧告」「避難指示」の発表など，時々刻々の緊張感が伝わってきます．図3.8の田辺市の降水量時系列との関係でみれば，田辺市は9月3日（土）の16時45分に「避難指示」を発令しています．

4章　自然および人為起源の現象

　私達の周囲には人的および物的な被害をもたす多種多様な現象や事象が存在していますが，この章ではそれらをできるだけ網羅し，自然起源および人為起源に分けて，それぞれの定義や特徴をごく簡単に記述します．

　地球上の諸現象は，自然起源および人為起源のいずれであっても，それが大気中，水中，地中のどこで生起するかによって，便宜的に「気象」「水象」「地象」という用語で三つに分けることができます．ただし，ここでは植物界は除きます．

　なお，現象や事象という用語は種々の使われ方がされますが，本書ではとくに断らないかぎり次のように定義します．

　「現象」とは，台風や竜巻のように明確な構造を持ち，かつ自らを維持する何らかのメカニズムを持つものと考えます．津波は海洋中を伝播する波の一種と考えられますので現象に入れます．他方，強風，暴風，大雨，洪水，浸水，土砂崩れなどは，台風のような現象に付随した「事象」と呼ぶことに

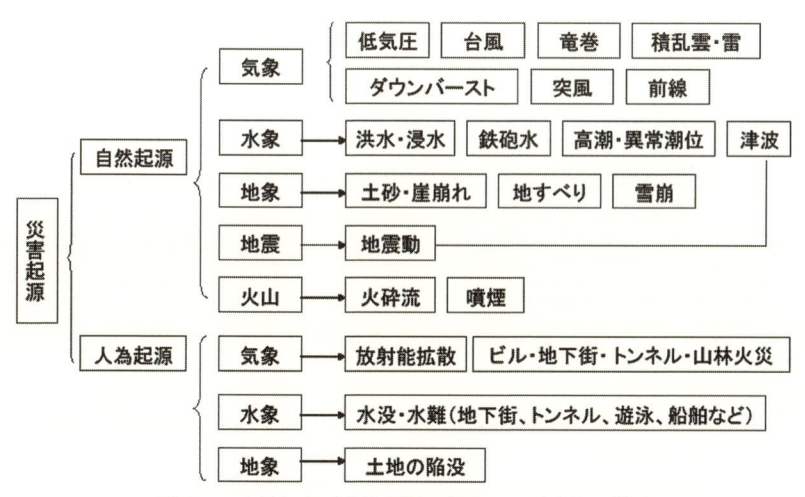

```
                   ┌ 気象 ─ 低気圧  台風  竜巻  積乱雲・雷
                   │        ダウンバースト  突風  前線
          ┌ 自然起源┤ 水象 ─ 洪水・浸水  鉄砲水  高潮・異常潮位  津波
          │        │ 地象 ─ 土砂・崖崩れ  地すべり  雪崩
災害起源 ─┤        │ 地震 ─ 地震動
          │        └ 火山 ─ 火砕流  噴煙
          │        ┌ 気象 ─ 放射能拡散  ビル・地下街・トンネル・山林火災
          └ 人為起源┤ 水象 ─ 水没・水難(地下街，トンネル，遊泳，船舶など)
                   └ 地象 ─ 土地の陥没
```

図 4.1　自然および人為起源の現象および事象の体系

4章 自然および人為起源の現象

します．放射能の拡散や火災なども，現象に付随するものとみなして，事象に分類します．また，よく「気象現象」のような言い方がされますが，「気象」という用語自身が，本来大気中の現象を意味することから，ここでは単に「気象」と記します．ちなみに気象庁の業務内容を規定している「気象業務法」では，「気象」とは「大気中の諸現象を指す」とあります．「水象」なども同様に考えます．なお，地震と火山は「地象」に属しますが便宜的に独立させました．図4.1は，このような立場から，人的な被害をもたらしうる現象および事象を自然起源のものと人為起源に分けて整理したものです．

4.1 自然起源
4.1.1 気象

自然起源の気象に属する主な現象は低気圧，台風，竜巻，雷などであり，図中に示す以外に晴天乱気流（キャット，CAT：Clear Air Turbulence）などがあります．以下にそれらの特徴を示します．

（低気圧）

低気圧は気圧が周囲より低いもの（地域）と定義されますが，発生・発達のメカニズムの相違から，「温帯低気圧」と「熱帯低気圧」の二つの種類に分類されます．温帯低気圧は，日ごろ「低気圧」と呼ばれるもので，温帯地方で発生・発達し，通常，温暖・寒冷・閉塞前線をともないます．一般に上空の偏西風に流されて東に進みます．なお，低気圧自身は，本来，西に伝播する性質を持っているので，両者の重量として移動します．通常の低気圧は雨や風をもたらすだけで，大きな災害は発生しませんが，梅雨前線上を進む低気圧などは，しばしば洪水などを引き起こします．また，おもに春に現われ，急速に発達する「爆弾低気圧」は全国的に強風をもたらすほか，さらに台湾付近で発生し，本州の南岸を進む「南岸低気圧」では，冬季や春先に関東地方を中心にドカ雪をもたらすことがあります．図4.2は平成26年2月の首都圏の大雪の航空写真を示しています．

4.1 自然起源

図 4.2 首都圏の大雪

(台風)

台風は，夏季を中心に田畑に灌漑用の雨をもたらしてくれる重要な現象ですが，一方では，しばしば豪雨をともない水害や土砂災害，さらにときどき竜巻をともなうため，避難の是非やタイミングが問われるもっとも警戒すべき対象の一つです．

台風は熱帯地方で発生することから熱帯低気圧に属し，中心付近の最大風速が 17m/s（34 ノット）以上のものを指します．また，台風という呼び名は，地理的には東経 100 度と東経 180 度（日付変更線）に挟まれた，赤道より北側の領域に存在するものが対象です．台風は弱い熱帯低気圧が台風の勢力まで発達したものですが，台風にまで発達した後に風速が弱まってしまった場合は，台風ではなくなりますが，再び発達して台風になることがあるので，注意が必要です．また，台風は北上するにつれて，西側に寒気が東側に暖気が相対的に流入し始めるため，本来の軸対象の円形の構造が崩れて，寒冷お

55

4章　自然および人為起源の現象

図4.3　板切れが樹木に突き刺さっている

よび温暖前線を持つ温帯低気圧に変化し，いわゆる「温帯低気圧」に変化しますが，勢力が衰えるどころか，さらに発達することがあるため注意が必要です．

　なお，熱帯低気圧は，その発生・存在地域に依存して，北半球では，日本周辺では台風，インドの周辺ではトロピカルサイクロン，北アメリカの太平洋岸および大西洋岸ではハリケーン，南半球では，オーストラリアの東岸およびアフリカ東岸ではトロピカルサイクロンと呼ばれます．これらは発生域が異なるだけで，すべて同じく熱帯低気圧に属し，そのメカニズムは台風と同じです．図4.3は台風（ハリケーン）の風の威力を示す写真で，板切れが樹木に薪割りのように突き刺さっています．

（竜巻）

　竜巻は中心部で気圧が極端に低く，周囲の空気が高速で回転する柱で構成され，通常，回転は地表にまで達します．竜巻は気象庁の観測指針によれば「積雲または積乱雲から垂れ下がる柱状または漏斗状の雲をともなう激しい鉛直軸の渦」と定義されています．漏斗状の雲（漏斗雲）は，雲から垂れ下

4.1 自然起源

図 4.4 竜巻で破壊された建物（つくば市北条）

がったようにみえますが，実際は中心付近の急激な気圧低下と激しい上昇気流によって水蒸気が凝結して生じている雲で，地表に達しない場合もあります．竜巻は北米ではトルネードあるいはツイスターと呼ばれます．漏斗雲は英語では funnel cloud と呼ばれ，それが地上に達するさまはタッチダウンなどと報じられます．竜巻は避難の猶予時間がもっとも短い現象であるため，発生情報のなにより早い入手が重要です．なお，竜巻は理論的には左巻き，右巻きのいずれもが存在しますが，左巻きの方が多くなっています．図 4.4 は，つくば市北条を襲った竜巻で破壊された建物の写真です．

（雷）

　雷は発達した積乱雲の内部の激しい上昇気流にともなって発生するもので雷光と雷鳴をともないます．積乱雲の内部で霰や氷晶が生成される過程で，それらの粒に負や正の電荷が帯電し，帯電の分布や強度がある限界を超えますと，電荷が雲の内部あるいは地上との間で放電を引き起こし，電流が流れます．これが「雷」です．落雷は，積乱雲内部の電荷が地面に流れて放電が起きる場合（対地放電）と雲どおしの間で放電が起きる場合（雲間放電）の

57

4章 自然および人為起源の現象

図4.5 落雷の様子（海老沢次雄，1992.9.4）

二つがあります．夜間に雲間放電が起きると，まるで青森県の「ねぶた」のような自然の光の大絵巻が雲中にみられることがあります．しばしば山岳地域やゴルフ場などで雷による感電事故が起きています．大木の根元に身を寄せて避難することは，落雷の電流が人を通じて流れることがあるため，かえって危険です．図4.5は落雷の様子を示しています．

（突風）

突風は，強い風が急に吹く現象で，一般に，積乱雲の内部の上昇気流中で成長した雨粒や氷粒が落下するさいに，周囲の空気を巻き込んで下降気流となって地表に達し，周囲に吹き出す強風です．突風は，一般に線状あるいはリング状の不連続線を形成し，ガストフロント（突風前線）とも呼ばれます．突風は単独の積乱雲のみならず，寒冷前線の先端付近で発達する積乱雲群にともなう場合があり，しばしば雷もみられます．図4.6にガストフロンの概念図を示します．

（ダウンバースト）

ダウンバーストは，あまり聞きなれない言葉かも知れませんが，これは上空から突然に冷たい空気の塊が地表に落下する下降気流であり，中心付近から周囲に向かって激しい風を吹き出す現象です．下降噴流とも呼ばれます．

4.1 自然起源

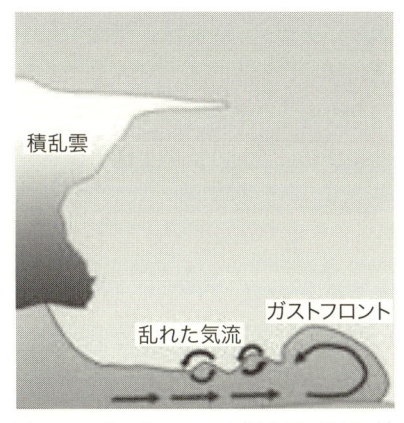

図 4.6　ガストフロント概念図（気象庁）

図 4.7　ダウンバーストに伴う雲（小林文明氏提供）

その予測はきわめて困難な現象ですが，航空機が離発着時にダウンバーストに遭遇すると，最初に向かい風に遭遇し，その後急に追い風となった瞬間に急激に揚力が低下するので墜落などの危険があります．通常は降水をともないません．ダウンバーストの水平的な広がりが4km未満の場合をマイクロバーストと呼んでいます．図 4.7 はダウンバーストにともなう雲の様子を

59

4章　自然および人為起源の現象

示しています．

なお，ダウンバーストは，上述のガスフロントとともに，航空機の離発着にも悪影響を及ぼす現象であることから，主要空港ではドップラー気象レーダーを用いて，常時監視を行っており，その情報はリアルタイムで航空管制機関や航空会社にも提供されています．

（前線）

前線は，それを境にして空気の密度が不連続に異なる線と定義されますが，一般に前線を境にして，気温や風も不連続に変化します．前線は地表では線状ですが，その境は面状となって，上空まで伸びています．低気圧にともなう温暖前線および寒冷前線は，それぞれ温暖前線面，寒冷前線面を形成しています．温暖前線面の傾斜は非常にゆるく，湿った空気がその面に沿って滑昇するため，中心付近から乱層雲などの下層雲，その先に高層雲，上層雲と高度が高くなります．ちなみ九州付近に低気圧の中心がある時，1,000km程度東に離れた関東地方の上空には，透明感のある巻層雲や刷毛のような巻雲がよくみられます．天気が崩れる前兆です．

図4.8　ケルビン波の例（米国大気科学研究所（NCAR）のBenjamin Fosterによる）

4.1 自然起源

(晴天乱気流)

晴天乱気流はCAT(キャット：Clear Air Turbulence)とも呼ばれ，雲がないクリアーな晴天中で起きる気流の乱れです．乱気流に巻き込まれると航空機は激しい上下運動などを起こし，ときどきけが人も出ます．一般に風速が鉛直方向に急な変化をしている場合に，その境界面付近にケルビン波という波動が成長し，それが砕ける過程で起きることが多いといわれています．CATが起きやすい場所はある程度は予測ができることと，また同じ航空路を飛ぶ先行機の情報などから，多くの場合シートベルトの着用がアナウンスされるほか，場合によっては飛行高度の変更など回避がなされます．図4.8は，ケルビン波が起きている雲の写真を示しています．

4.1.2 水象
(洪水・浸水など)

水象は図4.1に示したように，洪水・浸水，鉄砲水，高潮，津波などが挙げられます．洪水という用語は，本来は川の水位が平常に比して増加することを意味しますが，世間では河川の氾濫や浸水などの水害一般にも用いら

図4.9 高知県の鏡川が氾濫した際の航空写真

4章　自然および人為起源の現象

れています．ひとたび大規模な洪水が起きますと，ライフラインなどが損なわれ，社会活動が長期にわたり大きな影響を受けます．

大雨などで，河川への排水が間にあわずに低地に溢れる事象を「内水氾濫」と呼び，河川の水が堤防を超えて流れ出す事象を「外水氾濫」と呼んでいます．また，「浸水」という事象は，家屋などが海水や水に浸る場合を言い，「冠水」は田畑の場合に用いられます．このうち人的災害に結びつくのは，堤防の決壊による急激な浸水であり，避難が遅れると溺死につながりかねません．氾濫や浸水はいずれも台風や前線などにともなう大雨や集中豪雨によって2次的に生じる事象です．

図4.9は，高知県の鏡川が氾濫したときの様子を示しています．

なお，雨以外の洪水で，春先に積雪が融けて河川の水位が上昇する融雪洪水があります．

（鉄砲水）

鉄砲水は，河川の水位が急激に増加して，一気に洪水あるいは外水氾濫を生じる事象の呼び名です．その原因は，上流域における局地的な大雨やダムの急激な放流などによって生じます．山間地ではしばしば土石を含みます．英語ではflash water（突発的な出水）と記されます．避難を怠るとしばし

図4.10　鉄砲水で別の場所に運ばれた住宅

4.1 自然起源

図 4.11 台風 1999 年 18 号による不知火海の高潮災害（氷川の氾濫状況より）

ば人命に関わる事象です．ちなみに，この言葉はかって山から材木を切り出す際に，一時的に川に堰を造って水位を上昇させた後，一気に堰を壊して材木を下流に流したこと（鉄砲流し）に由来しています．図 4.10 は鉄砲水で別の場所に運ばれた住宅の写真を示しています．

（高潮）

高潮は，しばしば大きな犠牲を生じるもっとも注意しなければならないものの一つで，大部分は台風の襲来にともなって発生する現象です．すでに触れたように昭和 34 年（1959 年）9 月の伊勢湾台風では数千の犠牲者が生じました．高潮は高波とメカニズムが根本的に異なり，高潮は海面の平均水位が数時間以上に渡ってメートル単位で上昇する現象です．この高潮に風浪が重なりますと，水位はさらに増加します．もし防潮堤防が決壊あるいは海水が堤防を超える場合は，大量の海水が一気に住宅地などに押し寄せることからきわめて危険です．図 4.11 は台風 1999 年 18 号による不知火海の高潮災害の様子を示しています．

（異常潮位）

潮位は地球，太陽，月の引力によって海水面が日々変動する現象で，天文

4章 自然および人為起源の現象

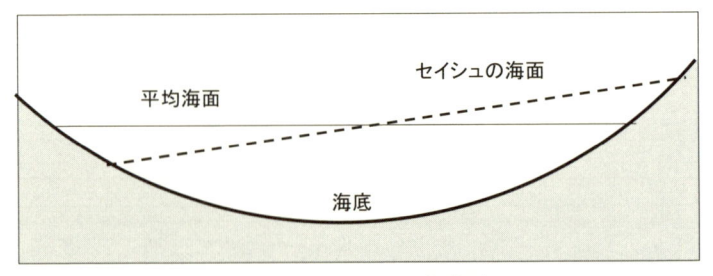

図4.12 セイシュの概念図

潮と呼ばれますが，とくに春や秋の満月および新月時には潮位の変動が大きくなり，大潮と呼ばれます．他方，一端が閉じたような閉鎖的な湾などでは，低気圧などにともなう風の場および気圧場という外的な強制力によって，湾に固有の自由振動が励起され，海面が周期的に大きく変動し，かなりの時間継続する現象であり，副振動あるいはセイシュ（Seiche，静振の英訳）と呼ばれます．長崎湾の「あびき」が有名で，潮位は時には3mを超えます．図4.12は，セイシュの概念図を示します．この他，黒潮の流路が南北に変動することにともなって，太平洋の沿岸では平均水位がかなりの期間にわたって上昇することがあります．いずれにしても天文潮単独では，人命に関わるような災害はまず起きませんが，この異常潮位に上述の高潮あるいは高波が重なりますと思わぬ浸水をもたらすことから注意が必要です．

（津波）

津波は，水象のうちでももっとも警戒すべき現象の一つで，避難の是非とタイミングが生死を分けます．その元となる大地震の発生が数年や数十年に一度程度しか発生しないため，過去の津波では必ずしも適切な避難が行われず，たびたび大きな惨事を招いてきました．「はじめに」で触れました「正常化の偏見」がもっとも現われやすい現象です．

海の波は数メートルを超える高波であっても，あくまで波の山と谷が平均の海面を基準に上下するもので，数秒程度の周期で繰り返しています．また鉛直断面内で，波の海水粒子の動きに着目しますと，ほぼ円運動をしているので，海水の実質的な水平移動は無視できます．ところが津波の場合は，こ

4.1 自然起源

図 4.13 津波が陸地に侵入する様子

のような波とはまったく振る舞いが異なり，表面から海の底までの全層にわたって海水の実質的な水平の流れをともないます．さらに津波は，波長が波と比べて桁違いに長く，沖合では数 10km あるいはそれ以上で，周期も数十分程度です．しかしながら，津波の伝播速度は水深の平方根に比例するため，津波が沿岸に近づくにしたがって速度が遅くなり，同時に波長も短くなるので，一つの波が寄せている時間および引いている時間も数分程度などと急速に短くなります．さらに，ごく沿岸では波がつぎつぎと詰まってくるため，津波が崩れて水の壁のようになって，市街地や谷筋など奥深くまで遡上（侵入）します．とくに V 字型に切り込んだいわゆるリアス式海岸などでは，外界から流入した津波の海水は，奥に進むほど水位が盛り上がるほかはなく，とてつもない災害を招くおそれがあります．

　津波は，本来，海底の急激な上昇や沈降によって生じますが，最初に海面の変位として与えられた位置エネルギーが莫大であることから，エネルギーがなかなか減衰せず，また，陸地や海底の凹凸によって反射をおこすなど，影響が長時間にわたることに注意する必要があります．図 4.13 は，先の

4章　自然および人為起源の現象

「3.11」の大地震にともなう津波の様子を示しています．

（離岸流）

　海岸に立って海を眺めると，沖合いから波が繰り返し岸辺に打ち寄せています．これらの波は風で生成されることから「風成波」とも呼ばれ，一般に風向に直角に風下に伝播します．したがって，風向が岸辺に直角の場合には波頭は岸辺に平行に打ち寄せますが，その他の場合は風向に応じて波頭が斜めに打ち寄せるのがわかります．なお，台風などによって生成される「うねり」は，普通の波に比べて，周期と波長も長く，必ずしも風向とうねりの進行方向は一致しません．

　波は，海水が前後に単に往復運動を繰り返しているだけにみえますが，実際は海水が風下に向かって少しづつ移動する性質を持っています．そのままだと岸辺に海水が貯まってしまうので，岸辺に平行に向きを変えるか，どこかで沖合いに向かって流れ出します．海水が岸辺から沖に向かうことから離岸流と呼ばれます．離岸流の周辺では，波は岸辺に向かっているようにみえますが海水は沖に向かっているわけです．図4.14は，離岸流の仕組みを表わす概念図です．離岸流の強さや場所は時々刻々変化しますが，海岸線に凸凹があったり，小さな突堤などがありますと，その周辺では系統的で持続的

図4.14　離岸流の概念図

な，しかも強い離岸流が生まれる可能性があるので，注意が必要です．

海水浴や手漕ぎのボートなどで離岸流に巻き込まれてしまった場合は，あわてないことで，そして決して岸に向かって泳がないことです．離岸流に打ち消されて岸には近づけず体力を消耗するばかりです．岸辺に平行に泳ぐのがベストですが，しばらくじっと流されていますと，離岸流がない場所にたどり着くはずです．

4.1.3 地象

地象の中で最たる災害は土石流にともなうものです．土石流は大雨などで地盤が緩み，土石流となって土石と水が混然となって一挙に流下する現象です．土石流は地質や地形，降水量によることから，事前の予測は困難で，気

図4.15 土石流の様子（鹿児島県「竜ヶ水駅」付近）

4章　自然および人為起源の現象

象庁は「土壌雨量指数」をもとに「土砂災害警戒情報」などで警戒を呼びかけています．図4.15に1993年8月鹿児島地方を襲った豪雨で「竜ヶ水駅」付近で起きた土石流の写真を示します．

4.1.4　地震

　地震についての各論は専門書に譲りますが，手みじかにいえば，地震は地殻に蓄積された歪が一挙に解放される現象で，震源からは地震波が周囲に伝播し，地表に大きな揺れをもたらして，しばしば建物の崩壊や液状化を引き起こします．地震は大陸規模のプレートが衝突する縁辺で起きるとされていますが，地震の本質は岩石の大規模な崩壊をともなう一種の過渡現象であるため，現在の学術研究レベルでは予測は困難です．地震の予測情報としては，現在のところ「発生確率」が公表されていますが，あくまで過去の地震を統計的に処理して，再現確率を求めているもので，力学的な手法ではありません．「発生確率」は避難よりも，むしろ防災対策に資するものです．図4.16

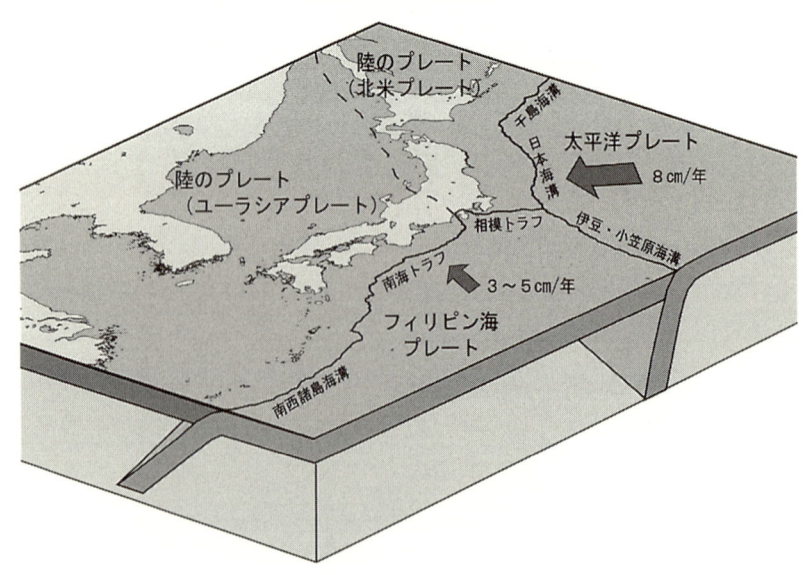

図4.16　日本周辺のプレート（気象庁）

4.2 人為起源

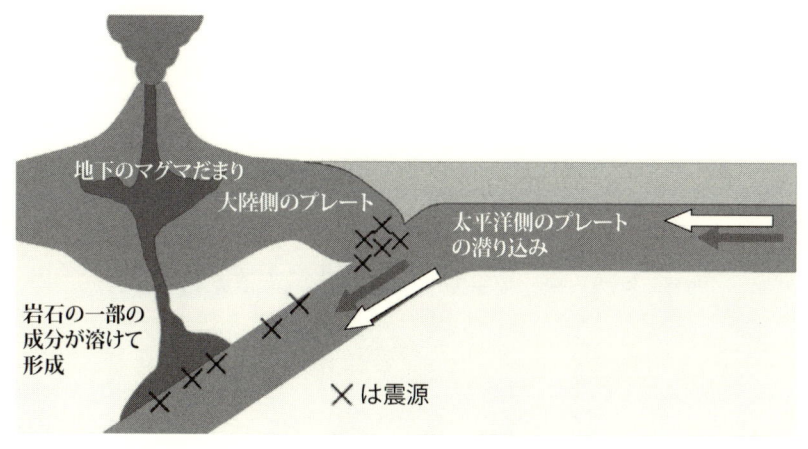

図4.17 火山噴火の概念図

はプレートテクトニクス理論に基づく地震のメカニズムの概念図です．

4.1.5 火山噴火

火山の噴火は地下のマグマが上昇して地表に噴出する現象で，図4.17に噴火の概念図を示します．

4.2 人為起源
4.2.1 気象
（放射性物質の拡散）

福島第1原発の爆発のような事故による放射性物質の外部への放出は，風などを通じて広範囲の地域を汚染します．汚染地域の広がりや強度は，放出源の強度，高度，持続時間，その後の気流に依存します．汚染物質は，一般に拡散の途中で，落下や雨粒によって補足されます．拡散の予測は数値予報と同様の技術で可能であり，気象庁はそれを行う技術を持ち合わせています．筆者は，少なくとも事故が発生した場合は，気象庁にデータを集中し，拡散予測を行わせることが最適だと考えていますが，現在のところ，それを行う権限と担当する部局，避難への指示形態などは，法律的にも明確にはな

4章　自然および人為起源の現象

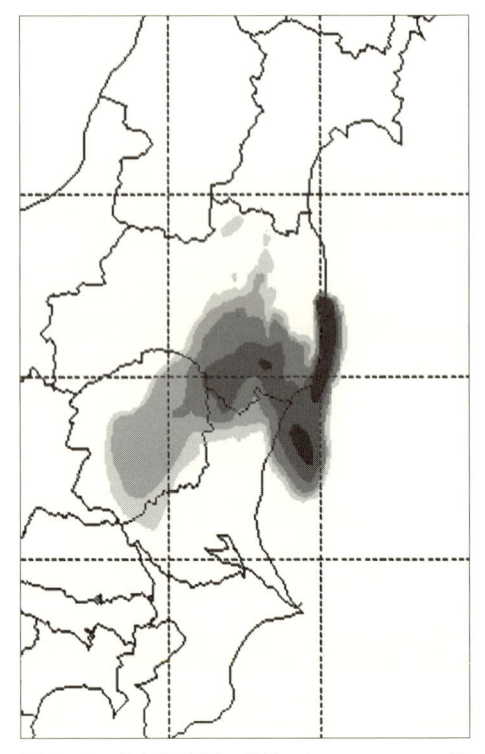

図4.18　放射性物質の拡散シミュレーション例

っていません．図4.18は，後日に拡散の様子をコンピュータモデルでシミュレーションした例です．

4.2.2　水象
（地下街の水没など）
　都市部では地面が道路舗装やコンクリート地盤で覆われているため，降った雨が地中にしみ込みにくく，大部分がただちに河川へ流れ込み，強い雨が短時間に降りますと，水位が急激に増して，氾濫しやすくなっています．また，下水道，用水溝でも，排水能力が追いつかず，河川から逆流してあふれ，浸水することがあります．さらに地下街や地下室の浸水で被害が出るように

4.2 人為起源

図 4.19 博多駅地下街に流れ込む濁流

なっています．平成 11 年 6 月 29 日，梅雨前線による記録的な豪雨が九州地方北部を襲い，福岡市の中心部ではビルの地下階や地下鉄などで浸水被害があいつぎました．図 4.19 は博多駅地下街に階段を流れ込む濁流の様子を示しています．

4.2.3 地象
（土地の陥没など）

人為的は地象として，土地斜面の崩壊，道路の陥没，トンネルの崩落などがあります．雨や風が介在している場合もみられますが，あまりにも多種多様にわたることから，ここでは言及しません．

5章　気象，津波，火山などの観測システム

この章では，気象および津波などの観測技術について述べます．なお，観測測器の技術論は他書に譲り，ここではそれらのエッセンス部分を記述しますので，巻末の参考文献を参照してください．

5.1　気象，津波などの観測技術の全般

気象庁が行っている気象観測は，いわゆる天気予報を行うために必要な要素を軸に行われていますが，海洋（波浪や潮位，津波，海流など）や地震など地球科学的な観測も行っています．これらの莫大な観測データは，気象庁部内で天気予測のために即時的（リアルタイム）データとして利用されるほか，広く部外の機関や一般のユーザにも提供されています．

気象観測についての基本的な考え方は，台風や低気圧などの現象ごとに専用の測器を展開するという戦略は採用されず，風や温度，圧力などの現象を支配している本質的で基本的な要素（気象要素と呼ばれる）を観測するための（気象）測器を，一定の密度で展開して行い，それらの資源から対象とする現象に応じて，時間的および空間的なサンプリングとデータ処理を行うことによって，現象の監視のほか予測が行われています．また，それらの観測データを用いて研究や統計も行われており，非即時（ノンリアルタイム）データと呼ばれます．なお，別途，○○プロジェクトなどの研究に沿った特殊な観測が行われる場合もあります．

他方，洪水や高潮などの水象の分野や土砂崩れ，地震（津波を含む），火山などの地象の分野では，現象の種類も少なくまた事象も特化されているので，それらに対応した専用的・個別的な観測測器が用いられています．

まず，気象庁が現在行っている主要な気象の観測手段と観測高度，分解能についてみておきます．

図5.1は，気象庁が運用している種々の気象測器の観測高度と水平分解

5章　気象，津波，火山などの観測システム

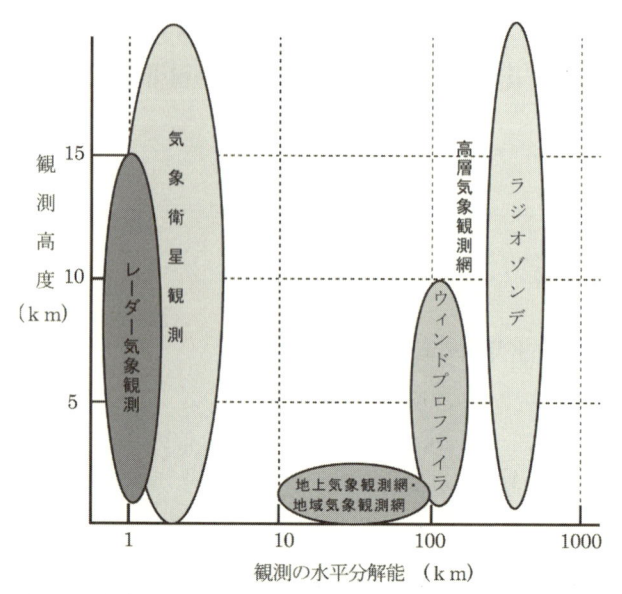

図5.1　気象測器の観測高度と観測の水平分解能（気象庁資料）

能（横軸は対数目盛）を概念的に表わしたものです．水平分解能とは，対象領域の面積を観測ポイントの数で割ったもので，その値より細かいことは表現できないという意味です．この図でみられるように，種々の観測システムの水平分解能をみると，地上気象観測網は全国約60か所の地方気象台などで構成されており，平均すると分解能は数10km程度，また地域気象観測網（アメダス）は約1,000か所ですから，平均約20km程度です．一方，気象レーダーの場合は，約20か所に展開されていますが，単一のレーダーが持つ水平分解能でみると数百mであることを示しています．次に高層の観測手段として，上空の風や気圧，気温などを観測するラジオゾンデは，高度が地上から約30km上空まで，観測所が約15か所ですから，分解能は数100km程度です．もう一つ上空の風のみを観測する「ウインドプロファイラ」は高度が約10kmで，観測所数は約30か所ですから，分解能は数百km程度です．最後に気象衛星は数kmであることを示しています．種々の数値予報モデルの運用に必要な初期値（初期条件）は，この図にまとめられ

5.2 各種観測システム

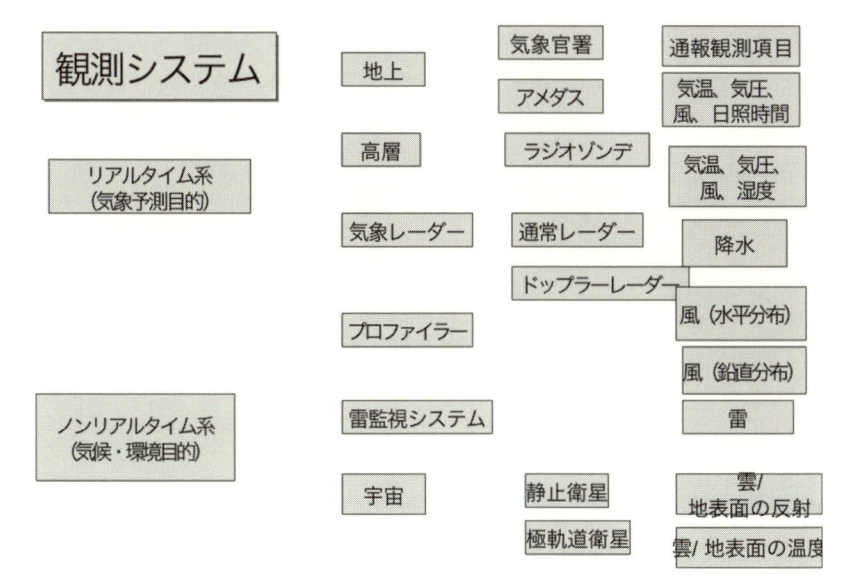

図5.2 気象庁の観測システム概要図

た観測資源を総合的に利用しています．また，気象測器の選択とその展開密度，観測の頻度などは，上記の観点から，大気中に起きる現象を必要充分に取得できるよう，コストも考慮して行われています．

なお，気象観測などの主体は気象庁ですが，地方自治体のほか民間や大学なの研究機関でも行われています．なお，それらのデータを一般に公開する場合は，雨量計の規格などの観測の技術基準が法律で定められており，社会的な混乱を避ける措置が取られています．

つぎに，図5.2は気象庁で行われている種々の観測システムの全体像を，観測の高度・手段・観測対象を念頭に示したものです．順次，各システムを概説します．

5.2 各種観測システム
5.2.1 地上気象観測網・地域気象観測網
地上気象観測網は，もっとも基本的な観測であり，地上における気圧，気

5章　気象，津波，火山などの観測システム

温，湿度，風，降水，雲，天気，気象現象，日射などの観測と定義されています．地上気象観測は通報観測と気候観測の二つに分けられます．通報観測は天気予報や警報を行うこと（リアルタイムデータ）を，また気候観測は気候調査などを主目的（ノンリアルタイムデータ）としています．

　地上気象観測を観測網としてみると，つぎの三つの網から成り立っていま

地上気象観測網
（平成27年4月1日現在）

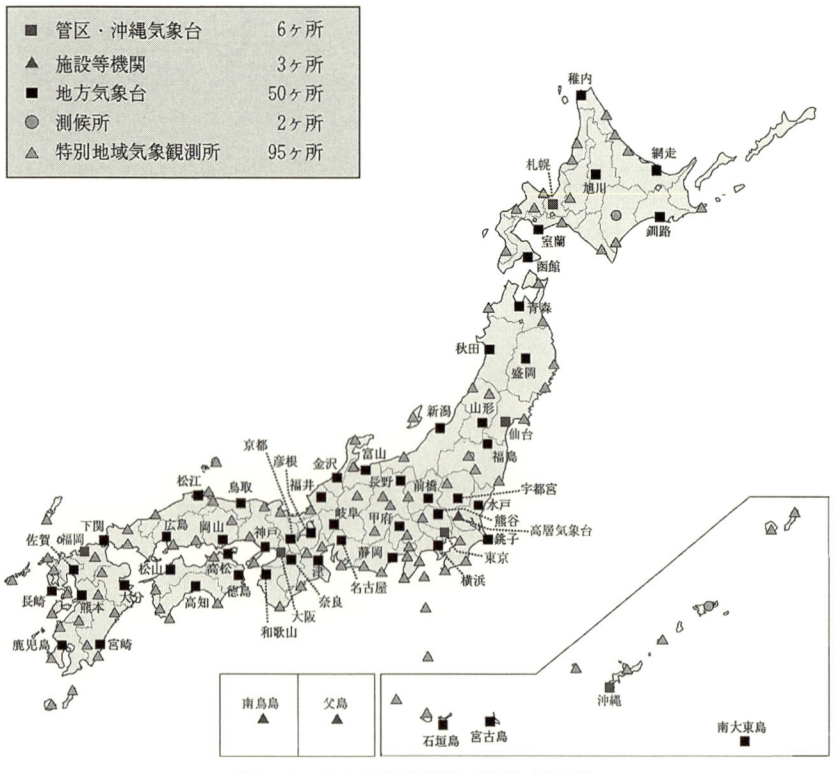

■ 管区・沖縄気象台	6ヶ所
▲ 施設等機関	3ヶ所
■ 地方気象台	50ヶ所
● 測候所	2ヶ所
△ 特別地域気象観測所	95ヶ所

図5.3　地上気象観測網（気象庁資料）

す．すなわち，①有人である地方気象台などの気象官署，②無人である特別地域気象観測所，同じく③無人のアメダス（正式名は地域気象観測所）です．図5.3はアメダスを除く全国的な気象観測網を示しています．

（気象官署）

都道府県には，地方機関である「地方気象台」がひとつ置かれています．気象台には台長以下2, 30人程度の職員が勤務しています．そこでの地上気象観測は，「地上気象観測装置」と呼ばれる総合的な気象測器と一部は目視によって行われています．この装置で気温，気圧，風，湿度，降水量，日照時間等を自動的に観測しており，他方，雲（種類，量，高さ），視程，天気現象などの項目は目視によっています．

図5.4は地上気象観測装置の構成を示します．風のデータで注意すべきことは，気象庁が風向・風速というときの風速および風向は地上高10mで測定した10分間の平均を意味します．しかしながら，台風の接近時などに

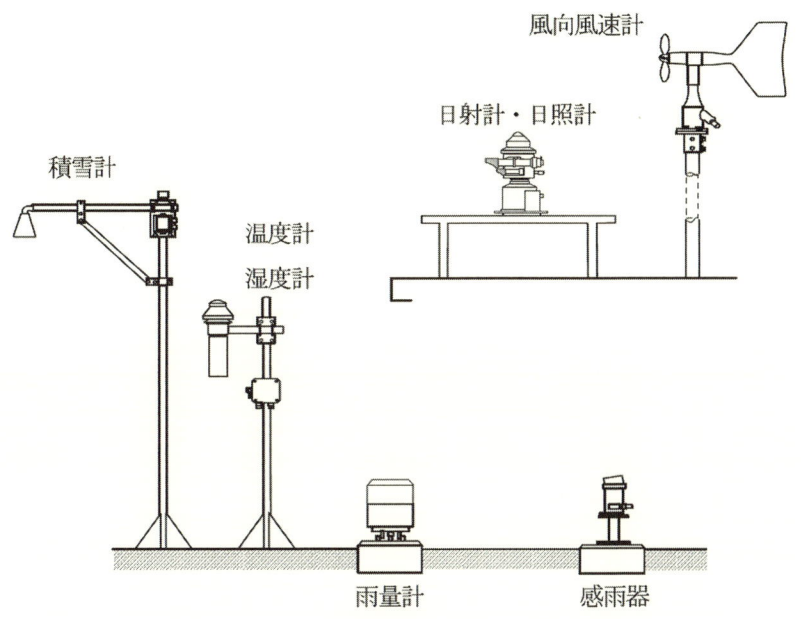

図5.4 地上気象観測装置の全体像（気象庁資料）

5章 気象,津波,火山などの観測システム

図5.5 水戸地方気象台の観測露場

発表される瞬間風速は,風速を0.25秒間隔で3秒間(計12個)サンプリングして,それを平均したものです.瞬間風速は一般に平均風速の1.5倍程度大きくなります.

地上気象観測を行なう場所は図5.5に示すように「露場」と呼び,「地上気象観測装置」が設置されています.風向風速計は地上10 mが基準で,通常は測風塔に設置されていますが,都市部の官署では20 mを超える場所もあり,あくまでも測器の設置場所で観測された値であることに留意する必要があります.

雨や雪などの水起源の物質が地表面に達することを,一般に降水と呼び,それをもたらす現象を降水現象と総称しています.避難の見地から見れば重要なのは雨です.降水の観測には,地表面におけるものと空中と二つに大別されます.地表では,直径20cmの円筒に落下する雨の量を観測しています.

図5.6は雨量計(転倒型)の外観と断面を示しています.円筒に降った雨は下部のパイプを通って,「獅子おどし」と同じ原理の転倒ますに流入する.ますの容量は15.7cc(=3.14×10cm×0.05cm)です.ちょうど0.5mm

5.2 各種観測システム

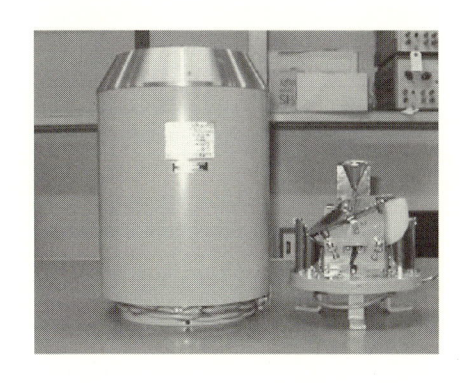

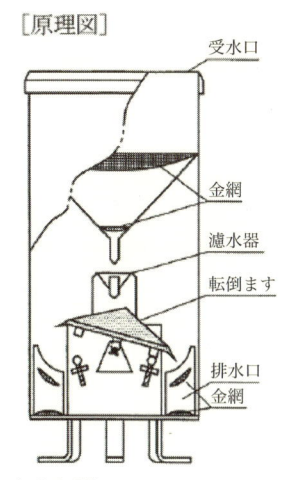

[外観図]　　　　　　　　　[原理図]

図5.6　転倒マス型雨量計（気象庁資料）

の雨に等しい量に達すると，ますが転倒し，反対側のますに流入が始まり，これを繰り返します．したがって，実際には0.1ミリや0.4ミリの降水があってもまだマスが転倒しないので，降水とは認識されません．

　ちなみに日降水量や日最高気温などの「日」の区切りを「日界」とよび，すべて日本標準時の0時から24時制を採用しています．なお，例外として，降雪の深さの日合計は9時または21時，日最深積雪は9時，21時または24時です．

5.2.2　特別地域気象観測所

　気象庁は，気象全体の観測および監視能力が全国的に向上したことから，1996年から測候所の無人化を開始し，特別地域気象観測所への移行を進めました．現在の測候所は，帯広と名瀬の2か所のみです．特別地域気象観測所では，有人の測候所時代と同様の自動気象観測を行うとともに，それまで観測者が行っていた「現在天気」の観測を，視程，降水，気温，湿度の種類の組み合わせによって，自動化が図られていることに注意する必要があります．ちなみに，米国での地上気象観測通報は，視程計のほか，シーロメー

ター（雲底高度計）などを用いた「自動地上気象観測システム（ASOS：Automatic Surface Observation System）」で自動観測を行っています．空港でも同様です．

5.2.3 アメダス

「雨」と関西弁的な「雨だす」の語感が相まって，アメダスは本来の雨（降水量）を観測するシステムの愛称として親しまれています．世の中にこれにあやかったシステム名は数多くありますが，やはりもっとも有名な4文字カタカナの一つではないでしょうか．アメダスは，もともと農業を主対象とした気温や降水量などの観測を，篤志家に委託して人手をかけて行っていた形態をハイテク化したものです．きっかけは昭和46年に法律が改正されて，公衆電話回線を利用してデータ通信を行うことが始めて可能になった環境です．アメダスでは全自動による観測および通報が行われています．1回分の観測データすべての通信費用が極めて低廉であることがミソです．

アメダスは，気象官署とアメダス観測所から観測値をリアルタイムで気象庁本庁に集め，一括処理しており，瞬間風速，最高・最低気温のほか，気象官署の気圧・湿度の値も10分ごとに収集されています．テレビなどでは，それらの観測値が頻繁にみられます．

図5.7 にアメダス観測所（福井県越廼観測所）を示します．

ここでアメダスと前述の地上気象観測の相違点をあげておきましょう．

- どちらも気象庁の観測であるが，アメダスのデータは国内通報のみである．
- アメダスの観測所は無人であり，自動観測・通報である．
- アメダスは観測要素が非常に限定されている．
- アメダスで観測・通報されるデータは毎正時から10分ごとである．したがって，アメダスによる最高・最低気温は，あくまでこの10分刻みでみたものであり，先の地上気象観測での値とは異なる．一方，気候観測および通報観測では分単位で極値が得られる。

5.2 各種観測システム

図 5.7 アメダス観測所（福井県越廼観測所，気象庁提供）

- アメダスは有人の地上観測に比べて，観測所の数が極めて多い．降水量は約 1,300 か所，風や気温などは約 800 ヶ所である．
- アメダスの歴史はやっと 30 年を超え，平年値（30 年）が求められる状態になっている．

ところで，アメダスの英名は AMeDAS であり，Automated Meteorological Data Acquisition System の略です．アメダスは，気象庁部内では地域観測業務と呼ばれ，その内容は地域気象観測業務規則（気象庁訓令）で以下のように規定されています．

　（観測種目）：気温，風向・風速，降水量，日照時間，積雪の深さ
　（気象測器）：有線ロボット気象計，有線ロボット雨量計・積雪深計，無線ロボット雨量計，地上気象観測装置または航空用地上気象観測装置
　（観測時刻）：0 時から 10 分ごと

アメダスが 4 要素観測と呼ばれており，また日照時間があるのに気圧や湿度がないのは，上記のように農業目的に端を発していることや無人・自動

5章　気象，津波，火山などの観測システム

観測技術のせいです．アメダスを運用するためアメダスセンターが気象庁にあり，毎正時になると各観測ポイント側から自動的にセンターに電話をかけ，自動観測値の結果を通報します．逆にアメダスセンターから任意の観測ポイントのデータを照会することもできます．アメダスの過去データは，地域気象観測毎時降水量日表，同風向風速日表，同降水量月表などの原簿に記録されています．

図5.8　高層気象観測網（気象庁資料）

5.2 各種観測システム

5.2.4 高層気象観測

　高層気象観測のデータは，日々の予報作業はもちろん，数値予報の初期条件，航空機の運航などに不可欠な資料です．日本の高層気象観測は，「ラジオゾンデ」と「ウィンドプロファイラ」の二つから成り立っています．このほかに航空機による観測がありますが割愛します．図5.8に日本の高層気象観測網の全体像を示します．

（ラジオゾンデなど）

　ラジオゾンデ（radiosonde）は，ひとつあるいは数種の気象要素（気圧，気温，湿度等）を測定する感部（センサー）を備え，気球によって大気中を上昇し，測定値を観測所へ送るための無線送信器を備えた気象測定器です．一般的には，電波（radio）を利用して大気を探査する（sonde）測定器の総称であり，以下の種類があります．

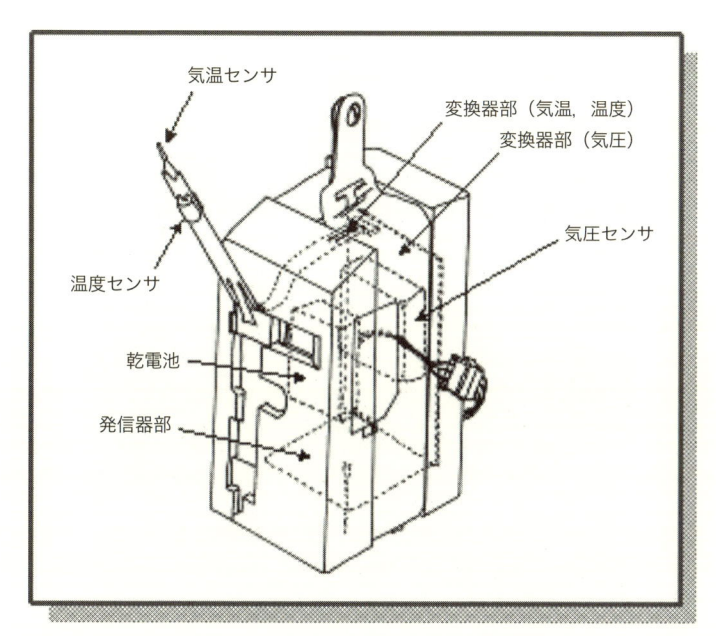

図5.9　ラジオゾンデのセンサ（気象庁資料）

5章 気象，津波，火山などの観測システム

ラジオゾンデ観測（radiosonde observation）：ラジオゾンデにより上層大気の気象要素である気圧・温度・湿度を観測．ラジオゾンデには気球に取り付けて上昇させるもの，あるいは，パラシュートをつけて航空機やロケットから落とされるもの（ドロップゾンデ）があります．

レーウィン観測（radiowind observation）：電波を発射する器機を取り付けた気球を地上で追跡し，その軌跡から高層風を観測．

レーウィンゾンデ観測（rawinsonde observation）：ラジオゾンデ観測とレーウィン観測を同時に行う観測．

GPSゾンデ観測（GPS radiosonde observation）：ラジオゾンデ観測とともに全球システム global position system（GPS）を用いて高度や高層風の測定を行う観測．

図 5.10　八丈島測候所におけるゾンデの飛揚風景（気象庁資料）

5.2 各種観測システム

　これらの観測は，総観規模現象と呼ばれるスケールの気象の場をとらえる役割を担うことから，世界中で同時刻（世界標準時の0時と12時：日本時間の9時と21時）に実施しています．ラジオゾンデによる高層気象観測は世界のおよそ900か所で実施されています．発砲スチロールの小箱に格納されたラジオゾンデの各種センサーを図5.9に，またゾンデの飛揚の様子を図5.10に示します．なお，気球には水素ガスあるいは窒素ガスが充塡されています．

　（ラジオゾンデのプロダクト）

　ラジオゾンデ観測から得られた気温，湿度および風向風速のデータは，国際気象通報式に従って国内及び世界に向けて通報されています．観測結果は，気象庁においては各種天気図の作成や数値予報モデルの初期値として使用されるのをはじめとして，気候変動・地球環境監視や航空機の運行管理など多方面で利用されています．

5.2.5 気象レーダー

　気象レーダーは，降水の実況監視のほか，「解析雨量」「降水ナウキャスト」「降水短時間予報」，数値予報モデルの初期条件の解析などに利用されており，天気予報にとってもっとも重要な観測の一つです．第1号機が昭和29年に大阪に設置されて以来，昭和30年代に全国展開がはかられ，現在20か所で運用されています．実用的な探知範囲は半径約200kmです．昭和39年に建設された富士山レーダーは探知範囲約800kmを誇っていましたが，気象衛星などの新しい観測手段の台頭などにより廃止され，現在では，かわりに新設された長野県（車山），静岡県（牧ノ原）と既存の東京（柏）レーダーで関東域をカバーしています．ちなみに富士山レーダーは，解体後，富士吉田市の「富士山レーダードーム館」で展示されています．

　降水（雨や雪）の水平分布や鉛直分布を測定する気象レーダーは，レーダーを中心とする半径数百kmの領域に分布する降水の面的な分布を，ごく短時間（数分以内）で把握することができます．たとえば台風のスパイラルバ

5章 気象，津波，火山などの観測システム

ンドや寒冷前線にともなう線状降雨帯などの全体像とともに，それらに含まれるより小さなスケールの積乱雲などの形状や動向をとらえことができます．ドップラーレーダーを利用すると，ダウンバーストや竜巻などの突風を監視することもできます．

（種類，原理，方法）

＊レーダーの種類

気象レーダーは一般にマイクロ波領域（周波数 300MHz～30GHz）の電波を用いるパルスレーダーであり，マイクロ波は進路がほぼ直線であるため，伝搬時間と地理上の進行距離の対応がよく，また鋭いビームが得られるために高い空間分解能が得られます．波長が 3cm～10cm の電波を使用し降水粒子（雨滴・雪片・雹・あられ）からなる雲（降水雲）を対象とするものを「降水レーダー」と呼んでいます．

＊観測の原理

気象レーダーはパラボラアンテナが指向する方角に電波を発射し，その経路上に存在する降水粒子（雨滴・雪片・雹・あられ）によって反射（正確には散乱）されてレーダーにもどってきた電波を受信し，この受信信号（エコー）から目標物に関する情報を取り出します．パラボラアンテナを360度回転させることで全方位を探知し，アンテナの仰角を変えることで高度方向の情報を得ることができます．エコーには，目標物までの距離・エコーの強度・位相という三つの情報が含まれています．

＊降水までの距離

電波は光速（1秒間に約30万km）で伝搬するので，レーダーでは電波を発射してから戻ってくるまでの時間に光速をかけて2で割ると目標物までの距離が得られます．電波を連続的に発射していると戻ってくる電波も連続的となり，戻ってくるまでの時間を測定できない．数μ秒の時間間隔だけ電波を発射し（パルスという），電波の発射を休止している間に目標物から戻ってきた電波を受信します．

5.2 各種観測システム

＊エコーの強さ

エコーの強さは，発射した電波の強さ，電波の経路上に存在する目標物の大きさと数によって決まります．目標物体が降水粒子の場合，受信信号の強さは降水粒子の直径の6乗に比例し，目標物までの距離の二乗に反比例します．理論から導かれた雨量強度と実際は，一般にずれがありますので，雨量計で求めた降水強度とは1対1には対応しないことが多いので，雨量計の実測値をもとにレーダーから得られた降水強度を補正することが行なわれています．

＊受信信号の位相

位相から情報から目標物体の移動速度に関する情報を得ることが可能です．目標物が動いているとドップラー効果が作用し，受信信号の周波数は目標物の移動速度に応じて送信周波数から偏移します．この変化から，目標物の移動ベクトル（方向と速度）のうち，電波の発射方向（視線方向）に沿う速度成分（ドップラー速度）が得られる．この機能を備えたレーダーをドップラーレーダーと呼びます．この原理を利用したのが「ドップラー気象レーダー」で，全国に展開されています．

（気象庁のレーダー気象観測）

気象庁のレーダー気象観測は，全国の降水監視を主目的とする「一般気象レーダー」と，空港周辺の降水とじょう乱を監視する「空港気象レーダー」に分類されます．降水を対象とする気象レーダーは，電波のエネルギーが降水粒子から効率的に散乱され，かつ電波の伝搬経路上で降水や大気ガスなどによって弱められないという条件を満たすために，Cバンド（波長約5cm）の電波を使用しています．ただし，マイクロ波の電波はその進行方向に山や建物等の障害物があると，その後ろ側には届きません．さらに，地球表面が球面であることから，レーダーから発射された電波は遠方では高い高度を伝搬するので，地表近くを観測することができません．これらのことを考慮し，一般気象レーダーは全国に20台が配置され，各レーダーは気象庁本庁で一括して管理し，遠隔で運用されています．

5章　気象，津波，火山などの観測システム

(気象庁の気象レーダーのプロダクト)
- レーダーエコー合成図

　一般気象レーダーは 10 分をひとつの周期として，仰角を 0 度付近から 30 度まで変化させながらアンテナを 26 回転させ，半径 400km の探知範囲内の降水を三次元的に観測しています．高い山岳などにより各レーダーは探知範囲の領域すべてを観測することはできないので，20 のレーダーのデータを合成して，全国の降水強度（エコー強度ともいいます．単位は mm/h）の分布を示す「レーダーエコー合成図」を，10 分ごとに作成しています．この合成図は基本的には高度約 2km の 1km メッシュの降水強度を示している．この降水強度は，上述したように受信電力の強度から降水強度を推定する際の誤差のほか，高度約 2km の値であることによる誤差などから，地

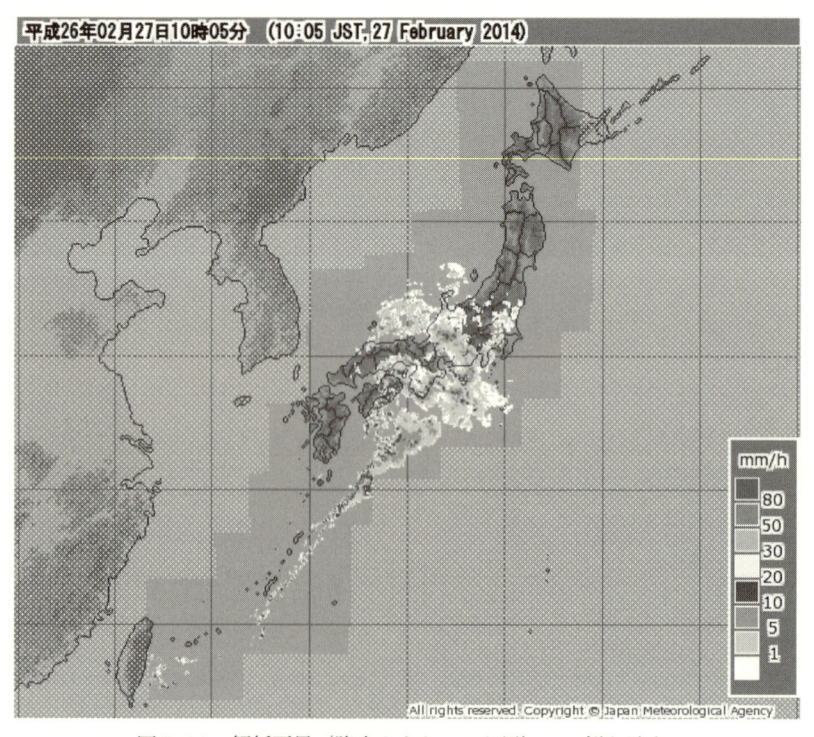

図 5.11　解析雨量（降水ナウキャスト用）の一例を示す．

5.2 各種観測システム

上での実際の降水強度とは一致しないことがあります．このためアメダスの雨量計から得られる雨量データを使って 10 分ごとに校正を行っています．

- 解析雨量

「解析雨量」という言葉は，大雨などの時，テレビでもなどでよく現われます．これは気象レーダーの出力するエコー強度を，レーダーエコー合成図とほぼ同様の手法で校正し，1km メッシュで全国合成した降水量です．雨量計が設置されていない地点の降水量を雨量計と同程度の精度で知ることができるため，雨量計の観測値とともに大雨注意報や大雨警報の発表基準値として使われています．解析雨量からは，比較的単純な移動外挿により，1 時間先までを降水強度を予測する「降水ナウキャスト」が，10 分ごと作成されています．図 5.11 に解析雨量の一例を示します．

- エコー頂高度など

レーダーの三次元的な観測によって得られるデータをもとに，降水雲の頂上の高度を測定することが可能です．これを「エコー頂高度」と呼び，対流の強さを推定する指標として使われています．また，降水雲に含まれる単位面積あたりの降水粒子の鉛直方向の総量を示す「鉛直積算雨水量」などの二次的プロダクトが作成されています．

（ドップラー気象レーダーのデータ）

ドップラーレーダーからは，降水域内のドップラー速度の分布が得られます．気象庁では積乱雲などにともなう局地的な大雨の数値予報の精度を向上させるため，従来から使用している高層気象観測データなどに加えて，ドップラー速度データを数値予報モデルの初期値として使用しています．また，10km 四方程度の領域では風が一様に吹いていると仮定しますと，その領域内のドップラー速度の分布から風向風速が求まります．これによって得られる風のデータは，一様性が高い降水現象内の気流解析などに利用されています．さらに，ドップラー速度の分布から，メソサイクロンと呼ばれる広がりが数 km〜10km 程度の鉛直軸をもつ渦を検出し，この結果や数値予報資料をもとに竜巻の発生を監視することも行われています．ドップラー気象レー

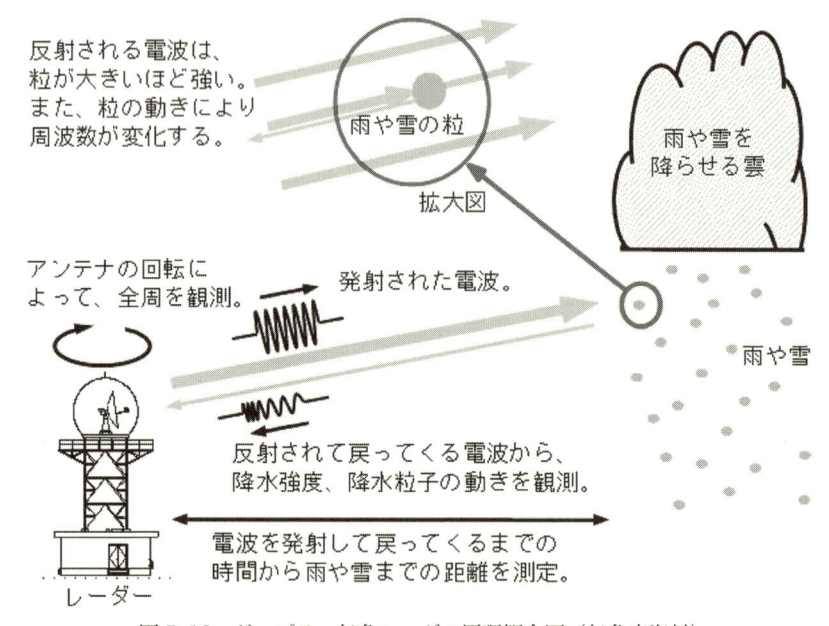

5章 気象，津波，火山などの観測システム

図5.12 ドップラー気象レーダの原理概念図（気象庁資料）

ダーの原理図を図5.12に示します．

5.2.6 ウィンドプロファイラ

ウィンドプロファイラは，2001年に気象庁が上空の風向・風速を自動的に観測するために，従来のラジオゾンデに加えて，新規に導入したシステムで，「局地的気象監視システム」（略称 WINDAS：Wind Profiler Network and Data Acquisition System，ウィンダス）が正式な名称です．ラジオゾンデ観測網とともに，全国31地点に配置され，ラジオゾンデとともに，高層風観測網を形成しています．この装置は昭和19年のラジオオゾンデ以来の時代を画するシステムです．

ウィンドプロファイラは，おもに対流圏の風の高度分布を測る大気レーダーであり，電波の半波長の空間スケールをもつ乱流に起因する散乱，または降水粒子による散乱（レーリー散乱）によって戻ってくる信号を受信し，風

5.2 各種観測システム

向・風速の高度プロファイルを連続的かつ自動的に観測することができます．

(観測原理)

この装置では，複数の方向にビームを照射し，それぞれのビーム方向から得られるドップラー速度から上空の風向・風速を測定する方法です．図 5.13 に観測原理の概念図を示します．

この WINDAS の観測法は，ドップラービーム走査法と呼ばれ，ドップラー効果を利用して対象物の速度を計測するものとしては，野球の球の速度を計測するスピードガンが馴染み深いですが，基本的には同じ原理です．大気の流れは三次元的であり，その方向は定まっていませんので，ウィンドプロファイラは，天頂を含む3〜5方向へ電波を発射する必要があります．

具体的には，図のようにウィンドプロファイラのアンテナから，鉛直方向および仰角約 80 度に傾けた東，西，南，北方向の 5 つのビーム方向に向けて順に電波のパルスを発射する．発射された電波は大気の乱流に起因する散乱または，降水粒子による散乱によって，地上のウィンドプロファイラのア

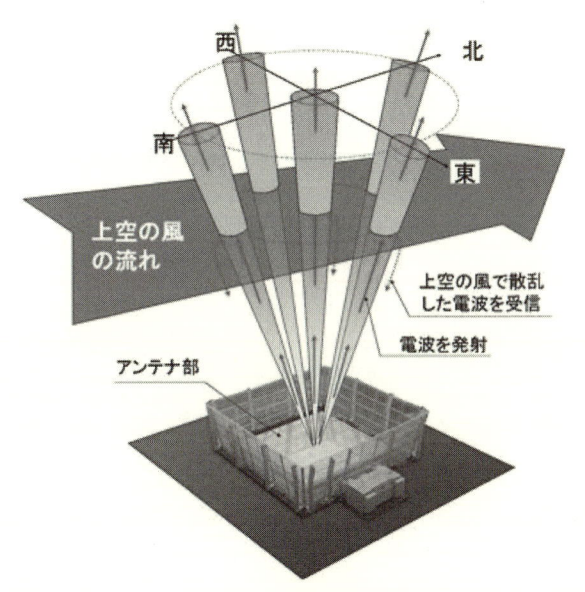

図 5.13 ウィンドプロファイラ観測原理概念図（気象庁資料）

5章 気象，津波，火山などの観測システム

ンテナに戻ってくる．戻ってきた電波は，散乱体である大気の移動速度に応じて周波数が変化している（ドップラー効果）ので，ウィンドプロファイラは，受信した電波の周波数が，送信した電波の周波数からどれだけズレているか（ドップラーシフト）を検知し，そのズレの大きさからビームを発射した方向（視線方向）に沿った風の速度（ドップラー速度）を測定しています．視線方向の速度を複数合わせてベクトル合成することによって水平方向の風向風速を測定することができます．

豪雨や豪雪といった局地的な気象災害をもたらす現象は，水平スケール数十km～数百kmのメソスケール現象と呼ばれ，水蒸気を多く含んだ大気の収束，すなわち地上から高度約5km付近までの風の動きが大きく関与しています．ラジオゾンデによる高層気象網の間隔はおよそ300～350kmであり，大規模および中間規模と呼ばれる気象現象（温帯低気圧，高気圧，前線や台風など）をとらえるための配置となっていましたが，これにWINDASを含めると，高層の風情報が得られる観測地点は平均しておよそ120～150kmの間隔となり，メソスケールの気象現象をとらえることが可能となっています．

（ウィンドプロファイラとドップラーレーダーの違い）

ドップラーレーダーは降水粒子を媒介として風を測定するため，探知範囲に雨や雪が存在する場合にしか風を観測することができません．ウィンドプロファイラは大気及び降水粒子による散乱波を受信し風を測定することができる全天候型の風測定レーダーです．

観測できる範囲は，ドップラーレーダーは，アンテナをほぼ水平にむけて周囲を走査することで，レーダーを中心とする半径約150km円内にある降水のビーム方向成分の速度を面的に観測できるのに対し，ウィンドプロファイラはその地点上空の風の鉛直分布に限られています．

天気予報作業では，上空の谷や寒冷前線の通過などにともなう上昇気流や風向の監視のほか，前述のラジオゾンデのデータと併せて，数値予報モデルの初期条件にも利用されています．図5.14にウィンドプロファイラの観測

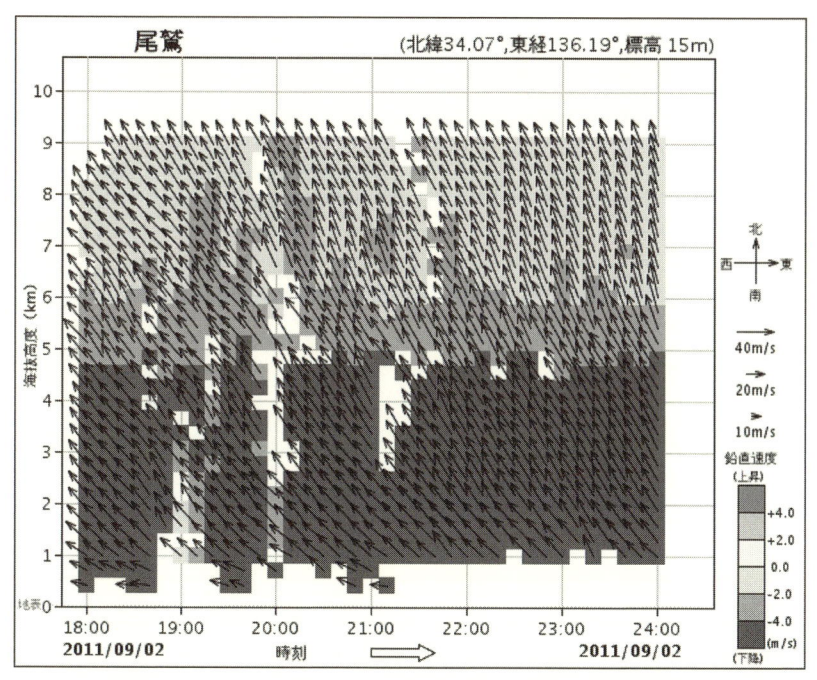

図5.14 ウィンドプロファイラの観測例（尾鷲）（気象庁資料）

例を示します．矢印が風向・風速を表わし，上昇気流か下降気流かはカラーで表示されています．

5.2.7 雷監視システム

雷が近づくとラジオにガリガリと雑音が入るのを経験します．この雑音を利用して落雷や雲間放電にともない発生する電磁波の発生を検知し，発生地点を評定するのが雷監視システムです．テレビの天気予報番組では，赤いX印などで表示されています．気象庁ではライデン（LIDEN：LIghtning DEtection Network system）と呼んでいます．全国約30の検知局（飛行場に立地する航空気象官署）に電磁波のやってくる方向を観測するためのアンテナ系が設置されています．雷監視システムの検知局の配置および構成を図5.15に示します．各検知局で受信した雷にともなう一種の雑音電波を東京

5章　気象，津波，火山などの観測システム

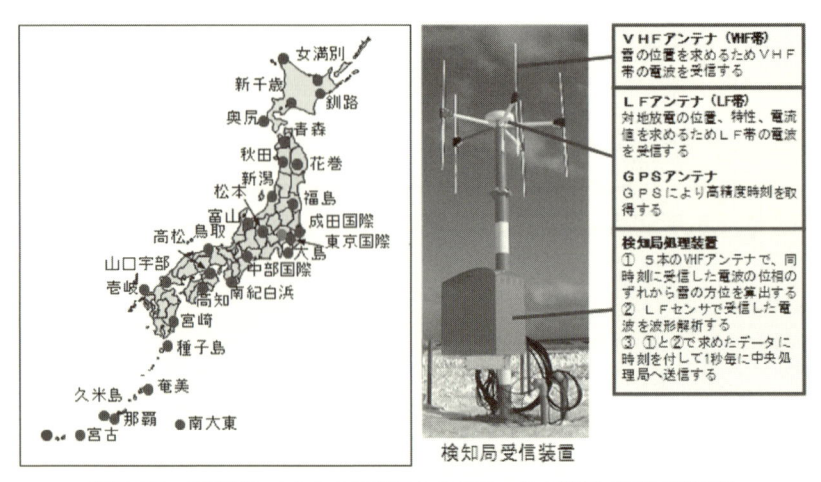

図 5.15　雷監視システムの検知局およびアンテナ装置（気象庁資料）

航空気象台に設置されている中央処理局に送信し，そこで雷の発生地点を特定しています．原理は図にみるように，個々の検知局の 5 本の VHF（超短波）帯受信アンテナで観測される電波の位相のずれから雷の方向を求め，同時に LF 帯の電波を受信してその波形を解析し，結果を 1 秒ごとに中央処理局に送信しています．なお，このシステムは航空気象向けに整備されたもので，気象庁のほか航空機関や航空会社に提供されていますが，今のところ，部外には公開されていません．

5.2.8　気象衛星観測

静止気象衛星

日本で最初の静止気象衛星 GMS（愛称ひまわり）は，1977 年 7 月に打ち上げられ，翌年 4 月から本格運用が始まりました．GMS シリーズは 5 号を数え，その後，2005 年の MTSAT（運輸多目的衛星）シリーズへ引き継がれました．さらに，その後継機として 2015 年 7 月から世界的にも先進的な機能を持つ「ひまわり 8 号」が運用中です．

5.2 各種観測システム

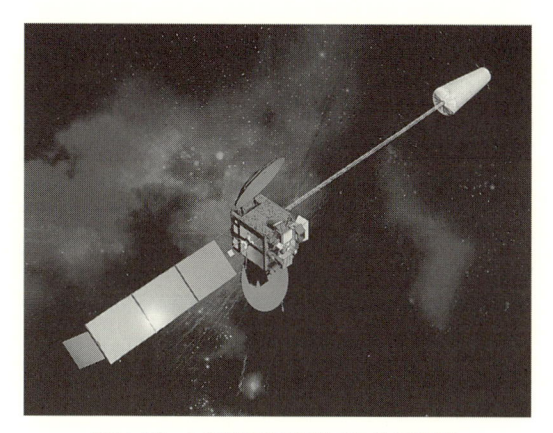

図 5.16 3 軸衛星概念図（気象庁資料）

（衛星観測の仕組み）

現在運用中の衛星は，GMS シリーズの衛星と構造に大きな違いがあります．GMS シリーズでは，衛星をコマのように回転させて姿勢を保つスピン衛星であったため，構造が比較的簡単なので衛星も小型でした．しかしながらスピン衛星では多くの観測機器を搭載できないこと，また地球を望むことができる時間は 1 回転中の 1/20 程度しかとれないことなど観測条件に制約が多数ありました．

2005 年からの MTSAT シリーズおよび「ひまわり 8 号」では，衛星の特定面をつねに地球に向けておくことができる三軸制御衛星となりました．三軸制御衛星の長所は，衛星を大型化でき，様々な観測機器を搭載できることです．さらにつねに地球を望むことが可能なことから，スピン衛星に比べ地球を観測できる時間を長くとることができるようになりました．このため，雲画像の分解能を向上させることや観測時間を短縮させるなど，観測の高度化が実現しました．図 5.16 は 3 軸衛星の概念図です．

静止気象衛星では，観測センサを地球の北から南へ走査させて画像を取得します．北極から南極まで走査する時間は約 10 分です．

観測センサの地上の画像の分解能は，可視画像 0.5-1km，赤外画像 1-2km

5章 気象，津波，火山などの観測システム

表5.1 気象衛星の赤外センサー チャネル（気象庁資料）
「ひまわり8号」の観測バンド

	可視			近赤外			赤外	
バンド番号	1	2	3	4	5	6	7	8
中心波長（μm）	0.47	0.51	0.64	0.86	1.6	2.3	3.9	6.2
空間分解能（km）*	1	1	0.5	1	2	2	2	2

	赤外							
バンド番号	9	10	11	12	13	14	15	16
中心波長（μm）	6.9	7.3	8.6	9.6	10.4	11.2	12.4	13.3
空間分解能（km）*	2	2	2	2	2	2	2	2

＊衛星直下点における値

です．これは衛星直下点（ひまわりでは東経140度の赤道）での値であり，衛星直下点から離れると，地球を斜めから望むことになるので観測される分解能はこの値より低下します．

「ひまわり8号」では観測性能の大幅な高度化がはかられ，より多様で高頻度の観測が可能となっており，北半球では10分間隔で画像が得られます．さらに日本付近は常時2.5分おきに観測が可能となっています．

（画像の特徴）

気象衛星では，特定の波長帯を感知できるセンサを用いて地球表面を観測しています．ひまわり8号では，可視領域の3波長帯と近赤外領域3波長帯，さらに赤外領域の10波長帯による合計16波長帯（バンド）観測が行われており，それを画像へ視覚化しています．（表5.1参照）．可視センサで観測した画像を可視画像と呼びます．「ひまわり8号」では可視3バンドによる合成カラー画像が可能となりました．なお，モノクロ画像では雲や地表面から反射した太陽光の強弱を表わしており，反射の大きいところは明るく，小さいところは暗くなるよう画像化されます．雲の反射率は，含まれる雲粒や雨粒の密度，量に依存します．下層の雲や積乱雲のように発達した雲

5.2 各種観測システム

は，明るく見えます．なお，太陽光の反射は太陽高度に影響されるので，朝夕や高緯度地方では，入射光が少ないので反射量も少なく，暗く見えることに注意が必要です．

赤外域のセンサーで観測した画像を赤外画像と呼びます．大気の窓と呼ばれる水蒸気などによる途中での吸収が少ない波長帯の赤外線領域で観測した画像は，地球表面の温度分布をよく表わします．一般に，温度の低いところを白く，温度の高いところを黒く画像化しています．対流圏では高度が高いほど温度が低いので，雲頂高度の高い（雲頂温度の低い）雲ほど白く見えます．可視画像と異なり，太陽高度に影響されないので，昼間はもちろん，夜でも連続した観測が行われています．肉眼では，当然，夜間は雲の上面は見えませんが，この赤外画像では可能です．

赤外領域の7ミクロン附近のセンサーで観測した画像を水蒸気画像と呼びます．水蒸気に吸収されやすい特性を持った波長帯の赤外線領域を観測し，赤外画像と同様に温度分布を表わす．ただし，水蒸気による吸収が支配的であるため，画像の明暗は大気の上層や中層における水蒸気の多寡に対応しています．たとえば，上層が乾燥していると水蒸気の吸収が少ないので，より下の層からの放射を観測することになります．したがって，水蒸気画像では，上・中層が湿った部分（水蒸気）ほど白く（温度が低く），乾いた部分ほど黒く（温度が高く）見えます．

なお，水蒸気画像では，大気の上・中層における水蒸気の乾湿分布を積分したものを表わしているのであって，下層の水蒸気の多寡を表わしているものではないことに留意する必要があります．

このほか，多数の赤外チャネルの画像を組み合わせることにより，火山噴煙や黄砂の識別および夜間における霧の探知に利用されています．

（静止気象衛星のプロダクト）

気象衛星の観測データは，赤外や可視の画像として天気予報に利用されるほかに，さまざまなプロダクトの作成に利用されています．

「大気追跡風」は，連続して観測したひまわりの赤外画像や可視画像から，

5章 気象，津波，火山などの観測システム

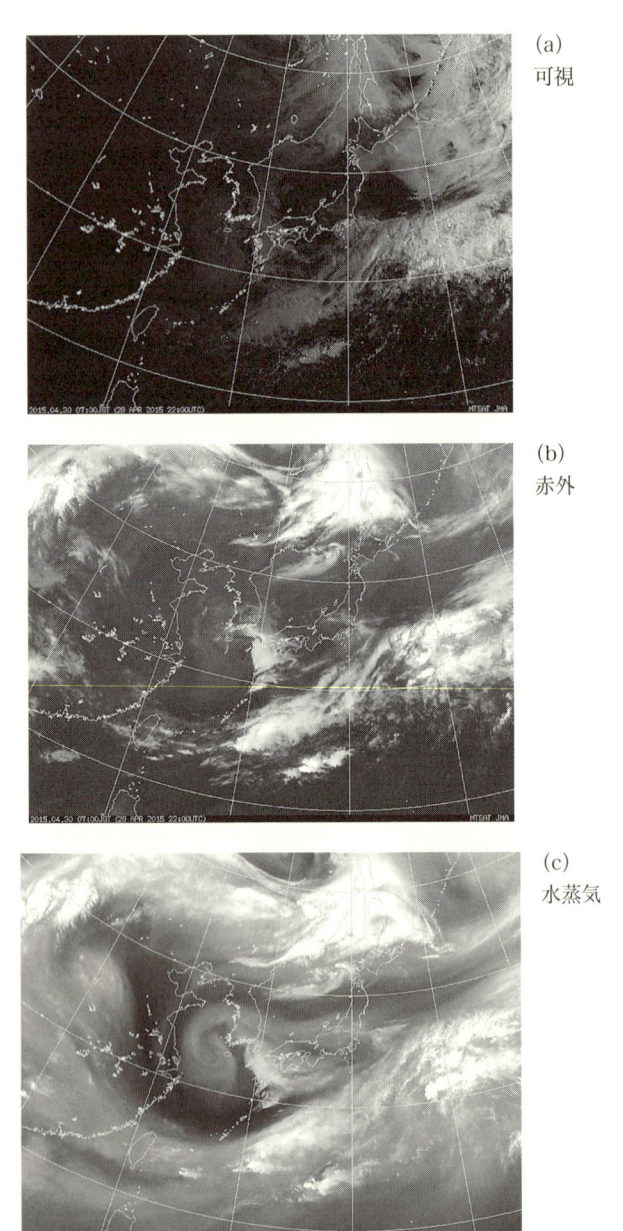

(a) 可視

(b) 赤外

(c) 水蒸気

図 5.17 衛星画像

5.2 各種観測システム

特徴ある雲や水蒸気の動きをとらえ，風向や風速を算出するプロダクトです．北半球で1日24回，南半球で1日4回，それぞれ算出されます．海洋上は観測値が少ないため，大気追跡風は数値予報の初期値として有用に活用されています．

「海面水温」は，台風や低気圧の発達など短期的な気象変化だけでなく，長期の気候変動にまで影響を与える物理量です．「ひまわり」や極軌道衛星である米国のNOAAのデータから，太平洋域や日本付近の海面水温分布を算出しています．これらのデータは，数値予報モデルの初期値としても利用されています．

一方，大気中に浮遊する微粒子であるエーロゾルは，太陽からの日射を吸収，散乱するため，地表・大気における放射の収支に影響を及ぼします．「ひまわり」とNOAAの可視センサーのデータから，日本付近の海域における「エーロゾルの光学的厚さ」を算出し，黄砂の実況監視などに利用しています．

- 極軌道気象衛星による観測

極軌道気象衛星は，北極・南極地方の上空を通過する軌道で地球を周回し，地球上の全表面を観測できます．NOAA（ノア）は米国が運用している代表的な極軌道気象衛星で，軌道高度およそ850kmを約100分で地球を一周します．NOAAは三軸制御衛星で，つねに地球表面を向き，観測機器を軌道に直角な方向に走査して観測しており，観測範囲は，衛星直下から左右へそれぞれ50度程度で，地表面では幅2,000～3,000kmに相当します．

極軌道気象衛星の特徴は，その軌道高度が静止気象衛星の高度の約40分の1と低いため，高い分解能での画像が得られるほか，静止気象衛星では得られない「気温や水蒸気の鉛直分布データ」や，大気中の「オゾン量データ」などを観測できるのが特徴です．

図5.17 (a) (b) (c) は，それぞれほぼ同時刻における可視画像，赤外画像，水蒸気画像を示しています．

5.2.9 津波観測

気象庁は津波のみを観測することは，海底地震計に敷設された津波計以外には行っておらず，港の岸壁などに設置されている約70か所の「検潮所」と呼ばれる所で潮位の観測を行っており，ふだんは潮の干満の高さ，すなわち地球と太陽および月の引力によって引き起こされる天文潮が観測の対象です．しかしながら，津波が来た場合には，天文潮に津波が重なることから，津波の観測も行っています．ふだんの海面の変動は波と天文潮が重なっており，津波が来た場合は，さらにそれが重なることになります．したがって，天文潮および津波を観測するためにはある工夫が必要です．図は5.18は検潮所の模型図です．波による数秒程度の短周期の海面変動を除くために，図にみるように，導水管と呼ばれる管が観測建屋の井戸に導かれています．導水管の太さと長さを調節することによって，天文潮や津波の成分だけで水位

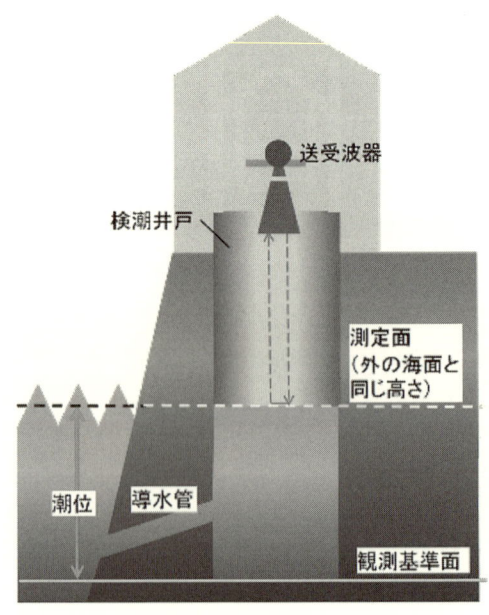

図5.18 検潮所の仕組み（気象庁資料）

を変動させることが可能です．そして上方から水面に電波を発射して，反射時間の長短を測ることによって水位がわかります．この水位が津波が来襲しているさいの全体の水位ですが，津波にともなう部分の算出は，天文潮の変化はわかっていますから，その部分を差し引いて津波としています．「異常潮位」も同様にして検潮所で観測することができます．なお，海上保安庁で行っている潮汐の観測所は「験潮所」と呼ばれています．

5.2.10 火山観測

わが国には110の活火山があります．気象庁では，気象庁本庁（東京）及び札幌・仙台・福岡の各管区気象台に設置された「火山監視・情報センター」において，これらの活火山の火山活動を監視しています．

110の活火山のうち，「火山防災のために監視・観測体制の充実等が必要な火山」として火山噴火予知連絡会によって選定された47火山については，噴火の前兆をとらえて噴火警報等を適確に発表するために，地震計，傾斜計，空振計，GPS観測装置，遠望カメラ等の火山観測施設を整備し，関係機関（大学等研究機関や自治体・防災機関等）からのデータ提供も受ながら，火山活動を24時間体制で常時観測・監視しています．

また，各センターの「火山機動観測班」が，その他の火山も含めて現地に出向いて計画的に調査観測を行っており，火山活動に高まりがみられた場合には，必要に応じて現象をより詳細に把握するために機動的に観測体制を強化しています．

全国110の活火山について，これらの観測・監視の成果を用いて火山活動の評価を行い，居住地域や火口周辺に危険を及ぼすような噴火の発生や拡大が予想された場合には「警戒が必要な範囲」（この範囲に入った場合には生命に危険が及ぶ）を明示して噴火警報を発表しています．

6章　備えと避難に関わる気象および津波などの予測技術，情報

　自然および人為的な現象による災害に備え，また逃れるための避難にあたっては対象となる現象あるいは事象の持っている基本的な性質や仕組みをふだんからよく理解しておくことが大切です．また，どのような情報が存在あるいは提供されているかを知っておくことも重要です．

　以下では，気象および津波などを支配する物理的法則，基礎的な知識，予測技術と提供されている情報について述べ，備えや避難に役立てたいと思います．

　自然および人為的な現象をもたらす媒体物質は，気体，液体，固体のいずれか，あるいは混合ですが，そのうち気体と液体の振る舞いは「流体力学」として取り扱うことが可能です．私達にとってもっとも関心があるのは「大気（水蒸気を含む空気）」であり，それが風や雨をもたらし，しばしば暴風や洪水，土砂崩れなどを引き起こし，人命に影響を与えます．同じく津波という水象を起こす「水（海水）」の振る舞いです．

　現在，大気と津波の振る舞いについては，その仕組みはほとんど解明されており，さらにその運動を定量的に予測することが可能になっています．具体的には，「気象予測」であり，「津波予測」ですが，幸いにも両者は基本的に同じ物理学のフレームで記述できます．すなわち，津波は，圧縮性がなく，かつ温度変化がない空気と同じと考えることが可能です．しかしながら，固体と液体が介在する土砂災害や雪崩などの分野は，まだメカニズムの解明も十分ではなく，さらに予測することは極めて困難です．火山の噴火についても同様です．

6.1　気象の予測技術

　気象に関する注意報や警報などを避難活動に利用するさい，その技術的な

6章 備えと避難に関わる気象および津波などの予測技術，情報

根拠や精度などをあらかじめ理解しておくことが重要です．以下に，これらの予測技術の基本的な事柄と各種の防災情報，情報の伝達経路について記述します．

天気予報（正しくは気象予報）は，気象庁の前身である中央気象台において，明治17年（1884年）に開始されて以来，太平洋戦争後もずっと，予報官に象徴される技術者が長年にわたって天気図とにらめっこしながら会得した経験に基づく主観的な判断に委ねられてきました．しかしながら，約半世紀前の昭和34年（1959年）に米国から輸入された当時世界最新鋭の電子計算機（IBM704）（といっても真空管式でした）の輸入とともに幕開けした「数値予報」が，その後のコンピュータの驚くべき高性能化，気象学の進歩，さらに気象衛星などの観測システム，データ通信技術の発展によって，今日ではすっかり天気予報の技術は客観的な技術に置き換えられました．

今日・明日の予報を始め，週間予報，1か月予報などのほか，台風の進路予報，さらに集中豪雨や暴風などの激しい現象の予測も，すべてこの数値予報の出力（プロダクト）に基づいているといっても決して過言ではありません．今や予報官の役割は，災害を及ぼすような現象が予測される場合に，どんな種類の気象注意報や警報，さらに大雨情報などの情報を，どんなタイミング行うかの判断に絞られてきています．

他方，予測対象を降水に絞った「降水短時間予報」「降水ナウキャスト」「雷・竜巻ナウキャスト」があります．これらの予報は，降水を主対象とする数時間先までのもので，後述のように雨雲が持っている保存性や移動性に着目した運動学的な外挿方法です．

数値予報の技術論は他書に譲ることにして，ここではその数値予報および降水短時間予測予報および降水短時間予報の概要を述べます．

6.1.1 数値予報の仕組みと手順

ここで数値予報がどんな仕組みや手順で行われ，実際の天気予報にどのように結びついているかについて，簡単に述べます．

6.1 気象の予測技術

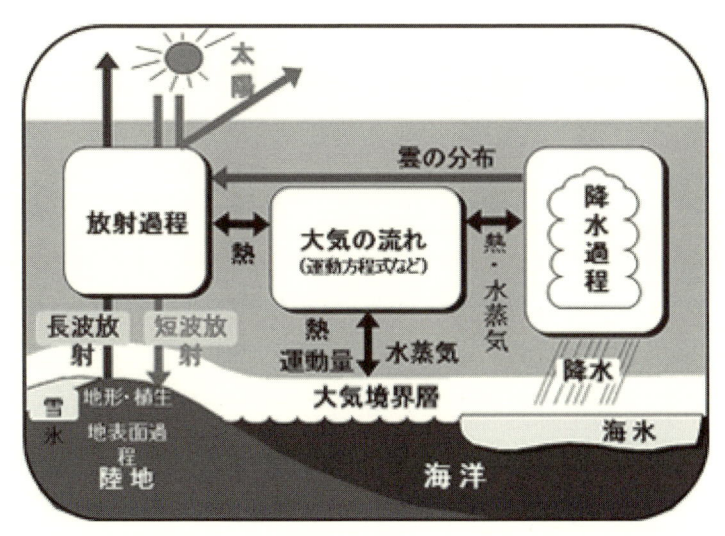

図6.1 大気の流れとそれに関係する放射・降水などの過程（気象庁資料）

　まず図6.1は，大気の流れと，大気中で起きている主な過程（プロセス）を示したものです．真ん中の大気の流れの部分は，風が吹き，温度などが変化する過程であり，これらは流れを支配する「運動方程式系」に従って変化します．一口でいえば，「数値予報」はこの運動方程式に初期条件を与え，将来の時間軸に向かって，一歩一歩，たとえば1分あるいは10分刻みなどで，数値的に「解く」ことです．初期条件は実際の観測データから得られます．とうぜん，運動（風）にともなって温度が変化し，また水蒸気の凝結，降水などが起きます．気象力学ではそれらの過程をまとめて物理過程と呼びます．放射過程は，空気が太陽および地面と熱をやり取りする過程であり，降水過程は水蒸気が凝結し，雲が発生し，雨などが降る過程です．これらの二つの過程は，もちろん独立ではなく，矢印で示されているように相互に大気の流れと同時的に連立して，熱や水蒸気のやり取りを行っています．
　ところで，これらの方程式系は非線形と呼ばれる形をしているため，それぞれの気象要素が時間的に変化する道筋を，ある関数のように解析的に求めることは，原理的に不可能です．同時に重要なことは，方程式が非線形であ

ることは，大気の運動それ自身が常に他の気象要素と相互に影響を及ぼしあい，たがいに従属的に変化していることと裏腹の関係にあります．

なお，鉛直方向の運動に関して，空気の塊を気圧によって上向きに押し上げようとする力と重力によって押し下げようとする力が等しい状態を「静力学平衡」と呼び，空気の上昇・下降の効果が無視できる状態です．動いてはいるが静かな空気の海のイメージです．このような平衡関係は高気圧や低気圧などの水平のスケールが大きい場合に成り立っています．逆に雲が発生・発達するような環境では，このような「静力学平衡」は成り立たず，浮力が生じます．この静力学平衡の場合は，以下の式が導かれます．

　　　気圧傾度力＝重力

（数値予報の具体的な手順）

図6.2は，数値予報の手順を図示したものです．まず左端の大気全体の「観測」から，品質管理などの「解析」，実際の数値計算を行う「予報」，予報資料の作成という「応用」，最後のいわゆる「天気予報」への編集・加工までの時間的プロセスを示しています．

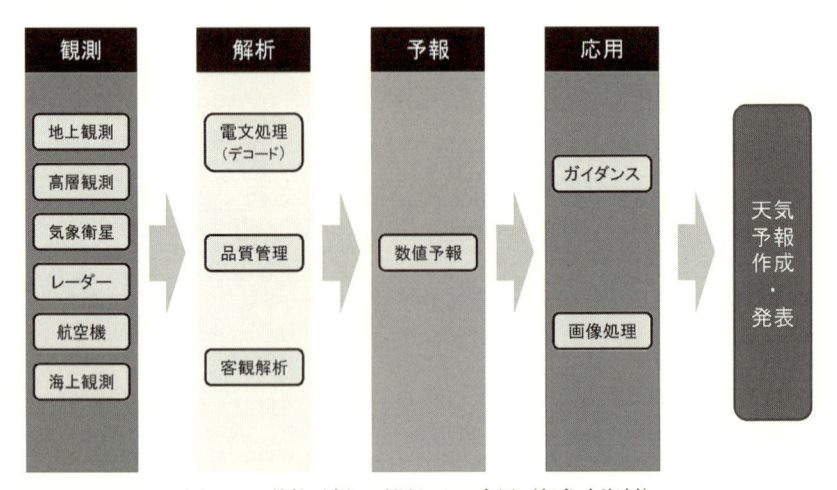

図6.2　数値予報の手順とその応用（気象庁資料）

ここでは，予報の部分を少し詳しくみてみましょう．

数値予報の計算は次のような手順で行われます．まずまえもって元の微分方程式群の微分の部分を差分方程式群に変換しておきます．たとえば，距離の微分を 5km の差分で，時間に関する微分を 10 秒の差分でという具合です．また，予報の対象領域を立体的な細かい格子網で覆い，そのすべての格子点に 3 次元的な番号を付しておきます．

つぎに，図 6.2 の「解析」の中に示されている客観解析の過程によって，初期条件が確定しているので，すべての格子点にこの初期条件を与えて，前述の差分方程式に従って，一歩一歩，時間積分を行ってことができます．たとえば，積分の時間刻みが 10 秒とすると，1 回の計算で初期条件から 10 秒後の場が求まります．今度はそれを初期条件と思って，次のステップで 20 秒後が予測できます．この作業を 8,600 回繰り返せば，24 時間予報ができることになります．週間予報の場合ですと，格子間隔が 20km 程度で，時間刻みが 10 分程度ですから，7 日間の予報には約 1,000 回の繰り返しとなります．ただし，1 回の計算ごとに，すべての格子点で同様な計算が行われるので，全体の繰り返し計算は，莫大な量にのぼります．数値予報に是非ともスパコンが必要な理由はここにあります．

6.1.2 天気予報ガイダンス

最後に，図中の「応用」におけるガイダンスについて是非とも触れる必要があります．一般に，いわゆる天気予報は，すべてこのガイダンスに基づいて組み立てられているからです．

数値予報の計算結果は，上記の「予報」の過程で，すべての各格子点上で，GPV とよばれる格子点値（グリッド　ポイント　バリュー：Grid Point Value）が計算機のメモリーに出力されます．しかしながら，GPV は規則的な固定点上の基本的な気象要素の値ですから，一般にそのものが天気予報ではありません．したがって，ユーザーの要求を踏まえた種々の予報（たとえば，場所はどの地方か，晴れか曇りか，降水確率など）に応じた加工が必要

6章　備えと避難に関わる気象および津波などの予測技術，情報

表6.1　天気予報ガイダンスの例

2008		3	10	4											
781	日		10	10	11	11	11	11	11	11	12	12	12	12	12
	時		18	21	0	3	6	9	12	15	18	21	0	3	6	9	12
CHOSHI	気温		13.4	12.1	12.4	10.2	9.8	13.2	15	17	11	9.9	9.3	8.6	7.1	11.6	14.7
	風向		南西	南西	南西	南西	西南西	南	南南西	南南西	北	北西	西	西	西	西	南
	風速		10.4	8.3	8.8	5.6	2.6	3.6	10	11.5	8.8	2.3	2.8	2.1	2.8	1.1	0.1
	天気		晴	晴	晴	晴	曇	雨	雨	曇	曇	晴	晴	晴	晴	晴	晴
	降水量		0	0	0	0	3	12	3	0	0	0	0	0	0	0	0
	降水確率					10	10	90	90	60	60	0	0	0	0	0	0
YOKOSHIE	気温		12.9	10.8	9.7	6.7	7.9	11.6	14.4	18.3	11.4	9	6.8	5.7	4.5	11.8	16.3
	風向		南南西	南西	南西	南	南南西	南西	南南西	南	北	北	北	西北西	北	南	南
	風速		2.8	2.4	2.3	0.6	0.8	2.3	6	4	2.3	1.2	1	0.7	0.9	1.1	1.6
	天気		晴	晴	晴	曇	曇	雨	雨	曇	曇	晴	晴	晴	晴	晴	晴
	降水量		0	0	0	0	4	9	2	0	0	0	0	0	0	0	0
	降水確率					10	40	90	50	50	50	0	0	0	0	0	0
CHIBA	気温		13.4	12.8	11.6	11.3	9.4	10.9	12.9	16.1	11.4	11.2	9.6	9	7.7	11.3	15.1
	風向		南南西	南西	南西	南西	南	西南西	南西	西南西	北西	北西	西	西北西	北西	南	南
	風速		10.3	11.2	4.7	1.3	0	2.8	6.6	5.6	3.8	2.5	1.6	2.1	1.7	2	2.4
	天気		晴	晴	晴	晴	曇	雨	雨	曇	曇	晴	晴	晴	晴	晴	晴
	降水量		0	0	0	0	5	1	0	0	0	0	0	0	0	0	0
	降水確率					10	10	90	90	50	60	0	0	0	0	0	0
MOBARA	気温		14	11.7	10.6	9	8.9	12.8	15.3	19.6	12.8	10.4	8.2	7.3	6.5	12.9	17.5
	風向		南西	南西	南西	南南西	南南西	南西	南南西	南西	北西	北	北	北	北	北西	南
	風速		3.6	3.3	1.6	0.2	0.8	1.5	5.1	3.5	2.2	1.2	1.1	1.1	1.2	1.8	1.5
	天気		晴	晴	曇	曇	曇	雨	雨	曇	曇	晴	晴	晴	晴	晴	晴
	降水量		0	0	0	20	20	15	2	1	0	0	0	0	0	0	0
	降水確率					40	90	90	50	50	60	0	0	0	0	0	0
USHIKU	気温		13.1	10.8	9.1	7.8	7	12.5	15.3	19.3	12.3	9.2	6.7	6	4.3	11.9	17.3
	風向		南西	南西	南南西	南南東	南東	南	南南西	西南西	北西	北西	北	北北東	北西	西	南
	風速		4.3	3.5	1.9	0.2	2.3	3.8	6.8	4.5	3.3	1.4	1.3	1	0.9	1.4	2.3
	天気		晴	晴	晴	曇	曇	雨	雨	曇	曇	晴	晴	晴	晴	晴	晴
	降水量		0	0	0	0	5	13	1	0	0	0	0	0	0	0	0
	降水確率					10	20	90	30	30	0	0	0	0	0	0	0

であり，その最終段階の資料がガイダンスであり，天気翻訳資料とも呼ばれています．いってみれば，天気予報の一種の「トラの巻」です．すてのガイダンスは，GPVを用いて一定のアルゴリズムで自動的に生産されます．

（ガイダンスの基本的な考え方）

ガイダンスの基本的な考え方は，ある時刻において実現している局地的な温度や風などの観測値は，その時刻のより広域的な地上および上空の風などの気象要素と密接な関係があると考えます．したがって，ガイダンスの具体的な手法は，過去の両者（観測値と予測されたGPV）のデータセットから，両者をつなぐ関係式をあらかじめ求めておき，その関係式に数値予報で得られたGPVを引数として代入して，温度などの予測を得るというアルゴリズムに基づいています．なお，ガイダンスでは，予測したい気象要素を「目的変数」とよび，予測に用いるGPVを「説明変数」と呼んでいます．表6.1はガイダンスの一例で，CHOSHI（銚子）などの地点の気温，風向・風速，天気，降水量，降水確率が，3時間ごとに示されています．

現在のガイダンスでは関係式の係数を近過去の実況と予測を比較して，その誤差が最少になるように変化させる方式（カルマンフィルター）のほか，

過去のデータセットではなく，実況と予測の関係を学習する方式（ニューラルネット）が用いられています．

6.1.3 降水短時間予報

通常の天気予報は，天気や風，気温などが予報の対象ですが，この予報は降水量のみを予報するもので，しかも予報の期間は6時間先までときわめて短時間です．また予測はカラー表示です．予測の基本的な手段は，気象レーダーと「アメダス」などによって得られる降水の情報に基づいていることと，降水をもたらしているパターン（降水パターンとも呼ばれる）の強さと

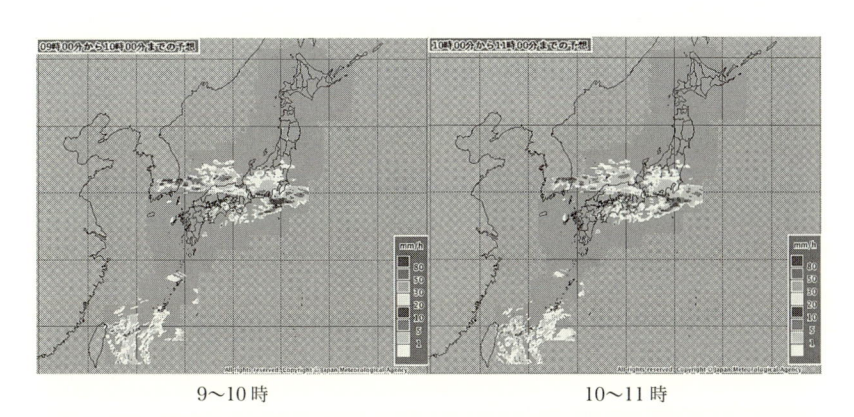

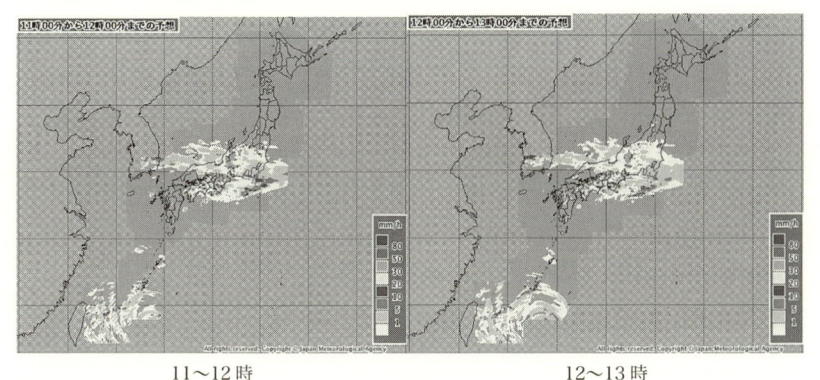

図6.3 降水短時間予報の例

動きが，数時間はそのまま維持（保存）されると仮定していることです．現在と前1時間前の降水パターンを比較して，パターンの移動ベクトルを求め，そのベクトルを数時間先まで外挿します．降水パターンがどの方向に移動したかを識別するために，「パターン　マッチング」という手法が採用されています．

　この短時間予報の特徴は，数値予報における力学的な手法と異なって，現象の保存性に着目した運動学的な手法です．また，予測時間の前半は運動学的な手法で，後半は数値予報による風および湿度の情報を加味しています．具体的には50km間隔で基準点を設け，その点を中心とした100km四方のレーダー画像を切り出して，過去1時間前と現在の2枚の画像を用意し，1kmづつずらして両者の相関係数を求めて，全体の相関係数が最大となるときにずれ具合から移動ベクトルを算出します．すべての計算は自動的に行われています．ここ注意すべきことは，100km四方で見た平均の動きであることです．図6.3は，9時を初期にした9～10時，10～11時，11～12時，12～13時の予測例を示しています．

6.1.4　レーダー・ナウキャスト（降水，雷，竜巻）

　レーダー・ナウキャストも利用しているデータは，降水短時間予報と同様ですが，予測時間が1時間先までであることと，10分おきに更新されることです．さらに，予測の対象が降水以外に雷と竜巻についても行われています．さらに水平の解像度を250mと四方と細かくした「高解像度ナウキャスト」も行われています．

　ここで雷の予測は「活動度」で表示されています．最新の落雷の状況と雨雲の分布によって，以下のように区分されています．

　活動度4：「激しい雷」で，落雷が多数発生していること．
　活動度3：「やや激しい雷」で，落雷があること．
　活動度2：「雷あり」で，電光が見えたり雷鳴が聞こえる．または，現在は，
　　　　　　発雷していないが，間もなく落雷する可能性が高くなっていること．

なお，活動度1は，「雷可能性あり」で，1時間以内に落雷の可能性があることを意味しています．

つぎに竜巻の予測は，「発生確度」で表示されており，以下のように定義されています．

発生確度2：竜巻などの激しい突風が発生する可能性（予測の適中率）は5〜10％．発生確度1：発生確度2で見逃す事例を補うように設定しており，広がりや出現する回数が多くなる．このため，発生確度1以上の地域では，見逃しが少ない反面，予測の適中率は1〜5％と低くなります．

気象庁では，竜巻などの激しい突風は，人の一生のうちほとんど経験しないきわめてまれな現象であり，発生確度1や2程度の可能性でも，ふだんに比べると竜巻などの激しい突風に遭遇する可能性は格段に高い状況であるため，発達した積乱雲が近づく兆候がある場合は，頑丈な建物内に入るなど安全確保に努めるよう広報しています．

なお，発生確度1や2が予測されていない地域でも雲が急発達して竜巻などの激しい突風が発生する場合があるので，天気の急変には注意が必要です．

6.2　津波のメカニズムと予測技術

激しい地震はしばしば建物の崩壊や火災を発生させますが，震源が海底の場合には，しばしば津波をともないます．とくに津波は明治の三陸津波（明治29（1897）年）以来，これまで何度も日本の沿岸を襲い，その都度大きな犠牲を強いてきました．津波は一刻も早い地震および津波情報の入手と迅速な避難が生死を分けるもっとも警戒すべき現象です．

津波には「波」という字が用いられています．たしかに流体力学でいえば，津波は海水中を伝播する重力波に属する波であることは間違いありません．しかしながら，津波は外洋から沿岸に波として近づくにつれ，また湾や入江，河川に侵入・遡上するにつれ，波というよりもむしろ，波の間隔が詰まって水壁のように押し寄せます．波の性質が変質して海水の実質的な流れが生ま

6章　備えと避難に関わる気象および津波などの予測技術，情報

図6.4　津波が堤防を越えて市街地に侵入する様子

れて，局地的に激しい水流を引き起こし，車などあらゆるもの流し，家屋にも浸水します．

津波は沿岸部に住む人々はもちろんのこと，旅行者にとってももっとも注意すべき現象です．ある地点での記録で見れば数 m に達するような大津波は，数十年に一度程度しか起こらないことから，「はじめに」で述べた「正常化の偏見」にもっとも陥りやすい現象でもあります．図6.4は平成21年の「3.11」の地震で発生した津波が堤防を越えて市街地に流れ込む様子を示す写真です．

6.2.1　津波のメカニズムと特徴

津波は，図6.5の概念図に示すように，まず地震によって海底の地形が隆起あるいは沈降し，それに合わせてその上部の海水が隆起あるいは沈降し，そこが波源となって周囲に伝播します．

しかしながら，津波が普通の波と根本的に異なるのは，津波は海底から表面まで，海がどんなに深くても，海水が全層にわたって動く（流れる）こと

6.2 津波のメカニズムと予測技術

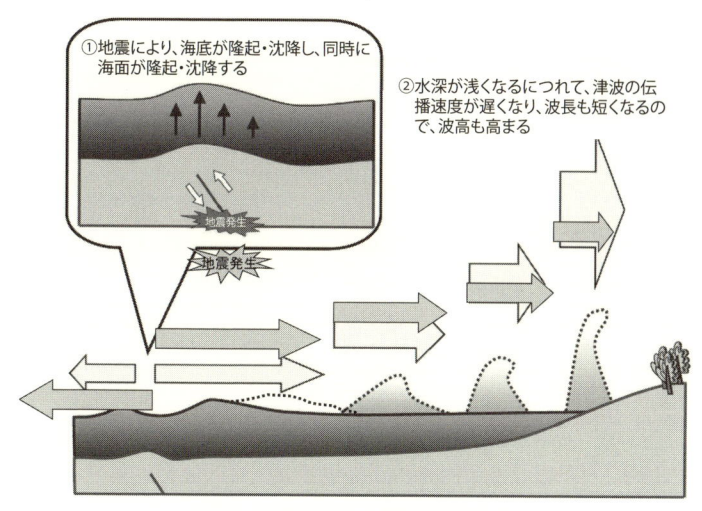

図6.5 津波の発生機構（概念図）

①地震により，海底が隆起・沈降し，同時に海面が隆起・沈降する

②水深が浅くなるにつれて，津波の伝播速度が遅くなり，波長も短くなるので，波高も高まる

です．また，この動きは津波の山谷の通過（伝播）に合わせて，流れの方向が逆転します．津波の伝播と同じメカニズムの卑近な例は，温泉やプールで見られます．それらの表面には種々の波が不規則に生じていますが，壁側辺りをよく見ると，ゆっくりした波が端から端まで往復を繰り返しているのがわかり，体が揺らぐのを感じます．そのスピードはプールなどの深さで一義的に決まります．海の津波もまったく同様です．

図6.6は津波の構造および伝播の方向，海水の動きを示したものです．ここで伝播とは水面の形状が伝わって行くことであり，海水粒子が一方向にのみ動く「移動」である「海流」とは根本的に異なります．図6.6に示すように，津波が右に伝播（進行）している場合は，津波の谷の部分を境に流れが反対になっています．しかし津波にともなう流れは秒速がわずか数センチです．

ここで海洋中の波の性質について，もう少し触れておきます．波はいくら高波であっても，平均海面を中心に上下するだけあり，10m程度の深さまで潜ればほとんど小さく揺れているだけです．普通の波は物理的に「表面波」と呼ばれるゆえんです．図6.7は，海で起こりうる種々の波にともな

6章 備えと避難に関わる気象および津波などの予測技術，情報

津波の構造と伝播

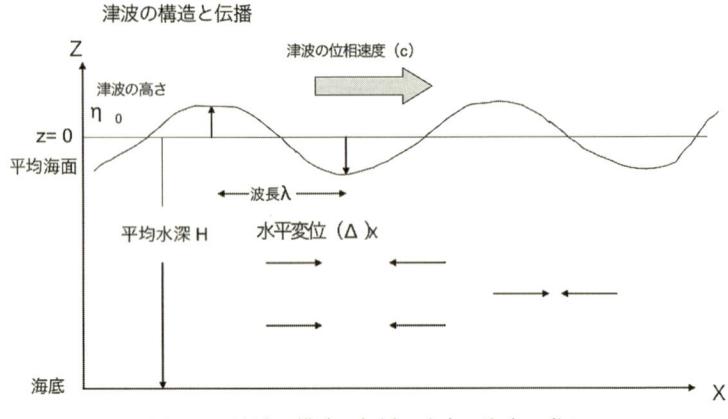

図6.6 津波の構造，伝播の方向，海水の動き

図6.7 種々の波に伴う海水粒子の鉛直断面内の運動（軌跡）

う海水粒子の鉛直断面内の運動（軌跡）を定性的に表したものです．図中の軌跡が楕円になればなるほど，水平方向の流れが卓越することを示しています．普通の海の波は最上段に示されており，表層で円運動をしていることがわかります．うねりのように波長が長いものは，より扁平的で周期も長くなっています．いずれも周期は数秒から10秒程度以下です．

一方，津波の場合は，波高はたかだか1m程度ですが，水平方向の運動が卓越し，周期も長く数分から数十分程度でとなります．最後は図の一番下の

潮汐であり，いわゆる潮の満ち引きに対応していますが立派な波です．潮汐は水平方向の運動が非常に卓越し，周期が半日程度と極端に長いため，長く海岸にいないと気づかない現象です．

なお，津波や潮汐のように鉛直方向の運動にくらべて水平方向の運動が卓越する波を，流体力学では「長波」と呼びます．なお，このような長波の特徴は，沿岸部の水深が急速に変化する場合や湾や入江，河川では，非線形効果といわれる影響が顕著になり，大きく変形を受けることです．

(津波の伝播速度)

津波の伝播速度（V）は水深（H）の平方根に比例し，重力加速度を g とすると，次の式で表わされます．

$$V = \sqrt{gH}$$

今，$g = 10 \text{m/sec}^2$ とし，太平洋のような外洋で平均が H＝4,000m としますと，伝播の速さが V＝200m/sec となり，時速になおしますと 720km となりますから，津波がジェット機並の速さで進むといわれるゆえんです．他方，津波が大陸棚のような浅いところを進む場合は，H＝200m としますと，$V = 45 \text{m/sec}^2$ となります．

6.2.2　津波の予測モデル

この章の冒頭で述べたように，津波をもたらす海水は非圧縮の流体とみなすことができ，その温度変化も無視できます．したがって，津波の運動は，ニュートンの運動の第1法則と質量保存則の二つの法則で記述できます．この二つを津波を対象に定式化しますと，次のようになります．

　　　運動の時間変化率＝気圧傾度力＋コリオリ力＋重力＋摩擦力　　（1）
　　　津波の高さの時間変化率＝質量フラックスの出入り　　　　　　（2）

津波の予測計算を行うことを津波シミュレーションと呼びます．実際の津波の様子を再現することを意味し，前述の数値予報技術も天気シミュレーションといえます．津波は，その媒体が海水という水であることから，上述の

気象の予測に比べてシミュレーションは非常に簡単です．具体的には，予測は上記の二つの式を，コンピュータで計算できるようにあらかじめ定式化（プログラム）しておきます．その式に初期条件として海水の盛り上がりあるいは沈降を与えて，たとえば数秒おきに海面の高さと流速を計算し，津波の到達時刻や高さを数値的に求めます．とくに留意すべきことは，津波の伝播速度は水深に一義的に依存することから，津波の伝播経路や振幅などは海底地形に大きく左右されるので，詳細な地形図が必要とされます．

気象の数値予報では，前述のように一定の時刻における気温や気圧，風などの「観測データを初期条件として，将来を予測」します．津波の場合も，とうぜんこのような予測が可能ですが，気象と異なって初期の海面の形状を観測によって得ることはほとんど不可能です．というのは，広大な海洋上に海面水位を観測するシステムを展開することは困難ですし，また，もしその周辺に船舶がいたとしても津波を観測することは不可能です．さらに震源地付近での海面変動が観測できたとしても，地震が起きて津波が発生した瞬間から，津波の予測計算を始めたのでは，津波の到達時刻に間にあわない可能性があります．事実，震源地が沿岸である場合は，数分後に津波がやってきます．したがって，津波の予測は，「地震が起きて津波が発生してから行うのではなく，あらかじめ津波のシミュレーションを行っておいて，高さや到達時刻などに関するデータベースを構築」しておき，実際に地震が起きた場合に，そのデータベースから，もっとも近い津波シミュレーション結果を検索・参照して，津波注意報や警報，情報を発表しています．

具体的には，日本周辺の多数の地点を選び，そこで海底での断層のズレのタイプや規模を与えて津波の予測計算を行います．実際の場面では，地震の発生後1, 2分程度で震源域や断層のズレ具合，マグニチュードなどがわかりますから，それを基にデータベースを検索し，最適な津波シミュレーションを引き出します．図6.8は，津波シミュレーション情報作成の手順を示しています．

ちなみに，現在，津波シミュレーションは，近海では0.5度おき，遠方で

6.3 気象・津波・地震・火山情報

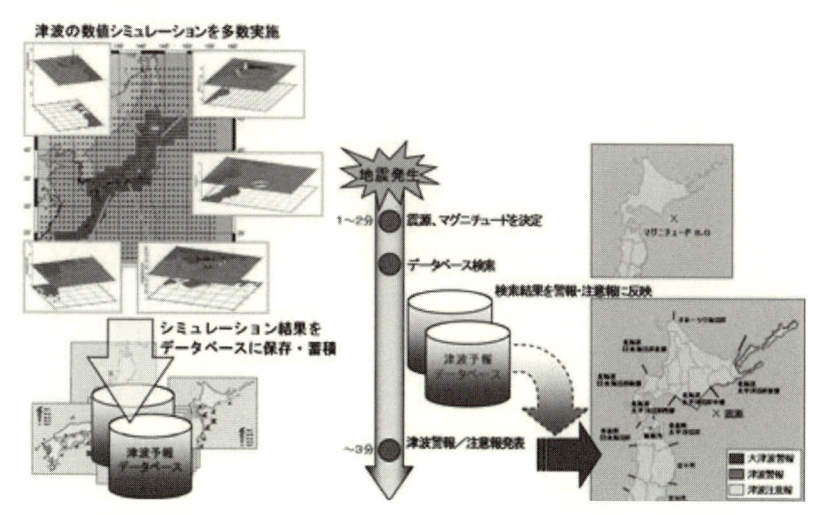

図 6.8 津波シミュレーションと情報の作成過程の概念図（気象庁資料）

は1度おきに地点を設定し，それぞれの地点で断層のズレの方向やマグニチュードなどを変えて行われており，その総数は約10万通りです．

なお，日本から遠方で津波が起きた場合は，このようなデータベース方式ではなく，実際に地震が発生してから津波シミュレーションを行うことは十分可能です．ただし，その場合は高性能のコンピュータ資源と初期条件である海面変動のデータが必須です．

6.3 気象・津波・地震・火山情報
6.3.1 気象情報
（警報および特別警報）

気象庁には，従来から気象業務法によって，気象，地象，地震動，津波，高潮，波浪，洪水に関しての予報及び警報をしなければならない義務が課せられています．また予報および警報を行った場合には，自らが周知を図るほか，報道機関の協力を求めて，公衆に周知させるように努める義務が課せられています．さらに報道機関や都道府県知事に対しても伝達の義務が課せられています．実際に警報が行われた際には，NHKでは臨時にラジオ，テレ

ビで放送されますし，民間放送でも報じられています．また，市町村では防災無線などを通じて周知が行われています．テレビで行われる気象庁の記者会見もこの法律に則ったものに他なりません．

なお，気象庁における観測や予報サービスなどを規定している気象業務法などの法制度については，付録で触れていますので参照ください．

さて，台風や津波，火山噴火などに対する備えや避難は，なんと言っても時間との競争です．気象庁が行う注意報や警報は，数時間あるいは半日規模の期間内に起こりうる事象を対象としていますが，その中でもっとも重要な情報はやはり「警報」です．また，警報の期間中に，それを補完する目的で発表される各種の「情報」も重要です．さらに，今後とくに知っておくべきことは，平成25年から従来の警報の中に新たに設けられた「特別警報」です．

気象警報に関しては，これまでは気象庁に対してそれを行う権限と義務を課してきましたが，平成25年3月に業務法が改正されたさいに，新たに「特別警報」という文言が単独の条文「第十三条の二」として織り込まれました．「重大な災害の起こるおそれが著しく大きい場合になされる」との規定が設けられました．また，気象庁は，基準の設定について，あらかじめ関係都道府県知事の意見を聴かなければならないとされ，意見を述べようとするときは，あらかじめ関係市町村長の意見を聴くという義務が課せられました．留意すべきは，特別警報の対象は「気象のみならず，断層運動による地

表6.2　従来からの警報の名称と対象

気象警報	暴風雨，暴風雪，大雨，大雪等に関する警報
地震動警報	地震動に関する警報
火山現象警報	噴火，降灰等に関する警報
地面現象警報	大雨，大雪等による山崩れ，地滑り等の地面現象に関する警報
津波警報	津波に関する警報
高潮警報	台風等による海面の異常上昇に関する警報
波浪警報	風浪，うねり等に関する警報

6.3 気象・津波・地震・火山情報

震動，津波，高潮，波浪」の5種となっています．したがって，従来の警報の規定は残したままで，さらに上乗せ的に特別警報が設けられたことになります．

再度，特別警報に関する気象庁の権利と義務は「重大な災害の起こる恐れが著しく大きい場合は，その旨を警告した予報を一般の人々の利用に供するために行う」とまとめられます．

まず，従来からの警報の名称および内容の一覧を表6.2に示します．

（特別警報）

つぎに，図6.9は「特別警報」の具体的な種類，発表基準，過去の対象事例，発表の頻度・区域・方法をまとめたものです．発表基準で注目すべきは「数十年に一度」という部分であり，これは人の一生にとって一度ぐらいしか経験しない危険な状況を意味しています．したがって，特別警報が発表された場合は，市町村長の「避難勧告」「避難指示」を待たずに，自主的な

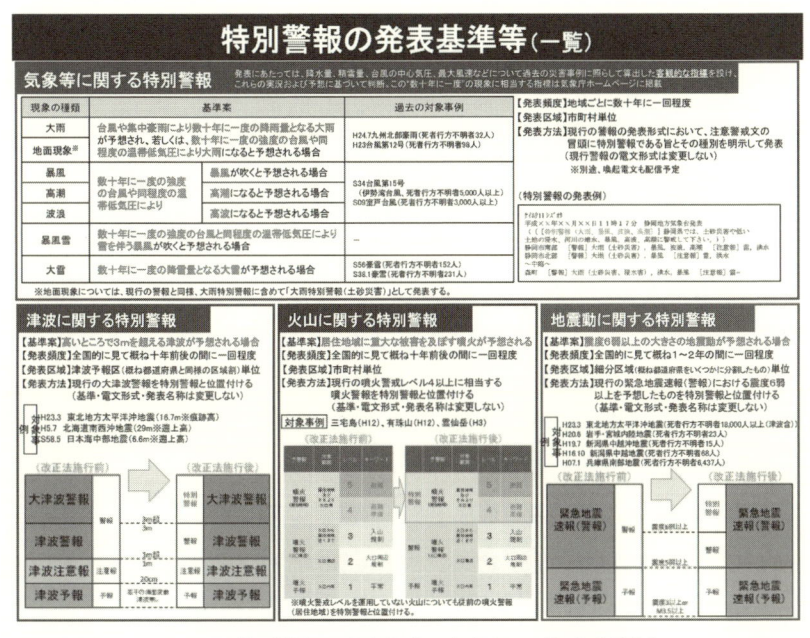

図6.9　特別警報の発表基準，内容など（気象庁資料）

6章　備えと避難に関わる気象および津波などの予測技術，情報

```
ケイホウ13 ナハ
平成２６年　７月　７日２１時１１分　沖縄気象台発表
（（【特別警報（波浪）】沖縄本島地方では、高波に警戒してください。）
）

那覇市　　　［特別警報］波浪　　［警報］なし　　［注意報］雷，強風，高潮
宜野湾市　　［特別警報］波浪　　［警報］なし　　［注意報］雷，強風，高潮
浦添市　　　［特別警報］波浪　　［警報］なし　　［注意報］雷，強風，高潮
名護市　　　［特別警報］波浪　　［警報］なし　　［注意報］雷，強風，高潮
糸満市　　　［特別警報］波浪　　［警報］なし　　［注意報］雷，強風，高潮
沖縄市　　　［特別警報］波浪　　［警報］なし　　［注意報］雷，強風，高潮
豊見城市　　［特別警報］波浪　　［警報］なし　　［注意報］雷，強風，高潮
```

図6.10　特別警報の事例

備えと避難が望まれます．とくに命を守るという観点から見れば，津波および噴火に関する特別警報では，一分を争う事態も想定されます．

以下は，平成26年9月9日，台風の来襲時に津地方気象台が発表した特別警報などの一部を示します．この例にみるように，特別警報，警報，注意報が大雨や波浪に関して，簡明に記されています．

また図6.10は，沖縄気象台が平成26年7月7日に台風の来襲時に発表した事例です．

（警報および特別警報の対象地域の広がり）

ここで警報および特別警報の対象地域の広がりについて触れなければなりません．ふだん，テレビなどではピンポイントなる予報が行われていますが，気象庁が行っている通常の天気予報の細かさは，都府県域を数区に分割した地域（第1次細分区分）が対象です．つぎに，気象注意報・警報は，市町村という行政区分を対象とした地域（第2次細分区域）が対象です．実際の運用は，気象や災害特性を考慮して，隣接する複数の市町村を一まとめにした区域が対象となっています．

予報および警報の地域細分の様子を，福島県を例に図6.16に示します．太い実線が第一次細分区域（会津，中通り，浜通り）の境界，細い実線で囲まれているのが第二次細分区域で，それぞれ単一の市町村の境界，複数市町村をまとめたものが，色の濃淡で識別されています．（注）「浜通り」でいえ

6.3 気象・津波・地震・火山情報

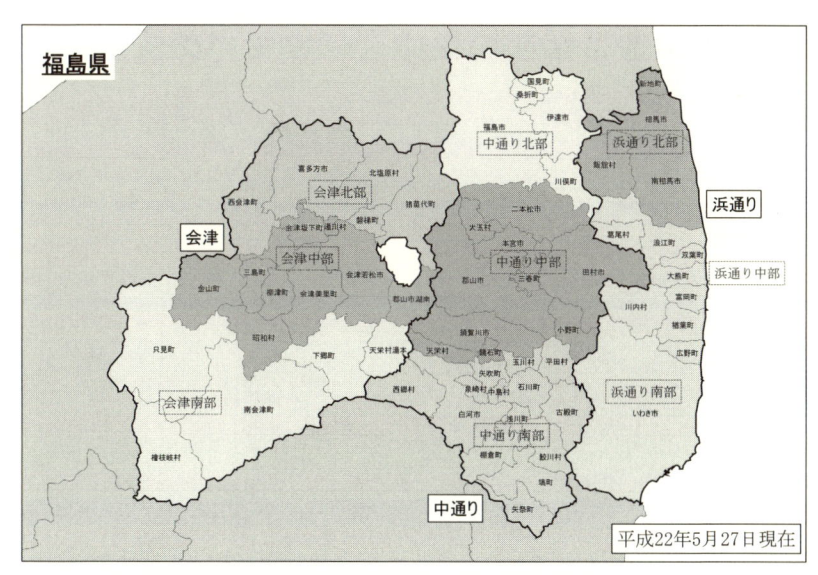

図6.11 福島県の場合の第1次細分区域，第2次細分区域，市町村でまとめた区域と境界を示す．（気象庁資料）

ば，「浜通り北部」「浜通り中部」「浜通り南部」の3地域）

（大雨情報などの情報）

警報の行われているときに，それを補完するために発表される「大雨に関する情報」などの各種の情報は，備えや避難にとっても，単なる情報と異なって非常に重要な情報ですから，合わせてフォローすることが大切です．

6.3.2 津波・地震情報

地震および津波による災害は，自然災害のうちでもっとも劇的ですが，現代の技術では事前の予測は不可能です．したがって，それらが発生してから命を守り，被害を最小限にとどめる行動を起こすしか術はありません．先に気象庁が行っている地震・津波に関わる種々の情報を総覧的に眺めてみましょう．図6.12は地震の観測体制，地震の発生から始まる一連の情報作成の流れを表わしています．図6.13は地震・津波情報の種類と内容を示しています．

121

6章 備えと避難に関わる気象および津波などの予測技術，情報

地震津波情報の作成・伝達までの流れ

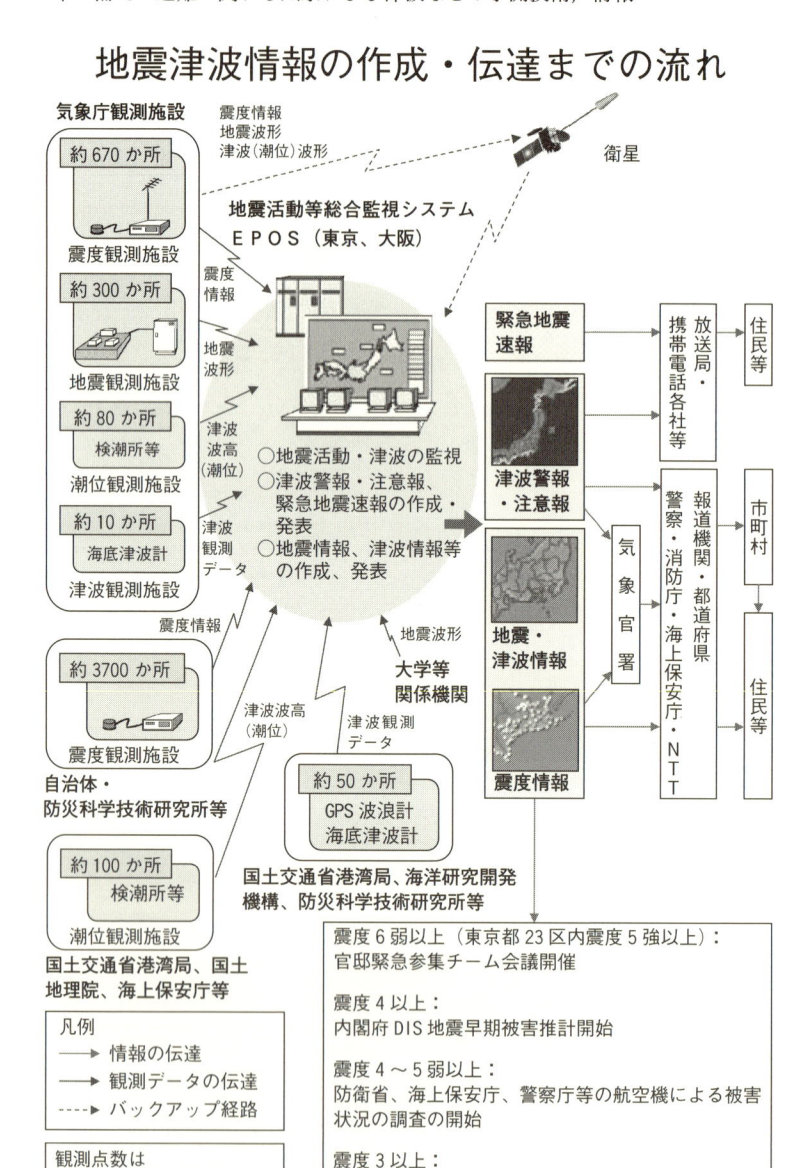

図6.12 地震・津波の観測から情報の作成・伝達の流れ（気象庁資料）

6.3 気象・津波・地震・火山情報

地震及び津波に関する情報

地震発生

↓

緊急地震速報（警報）
震度5弱以上が予測されたときに発表

↓

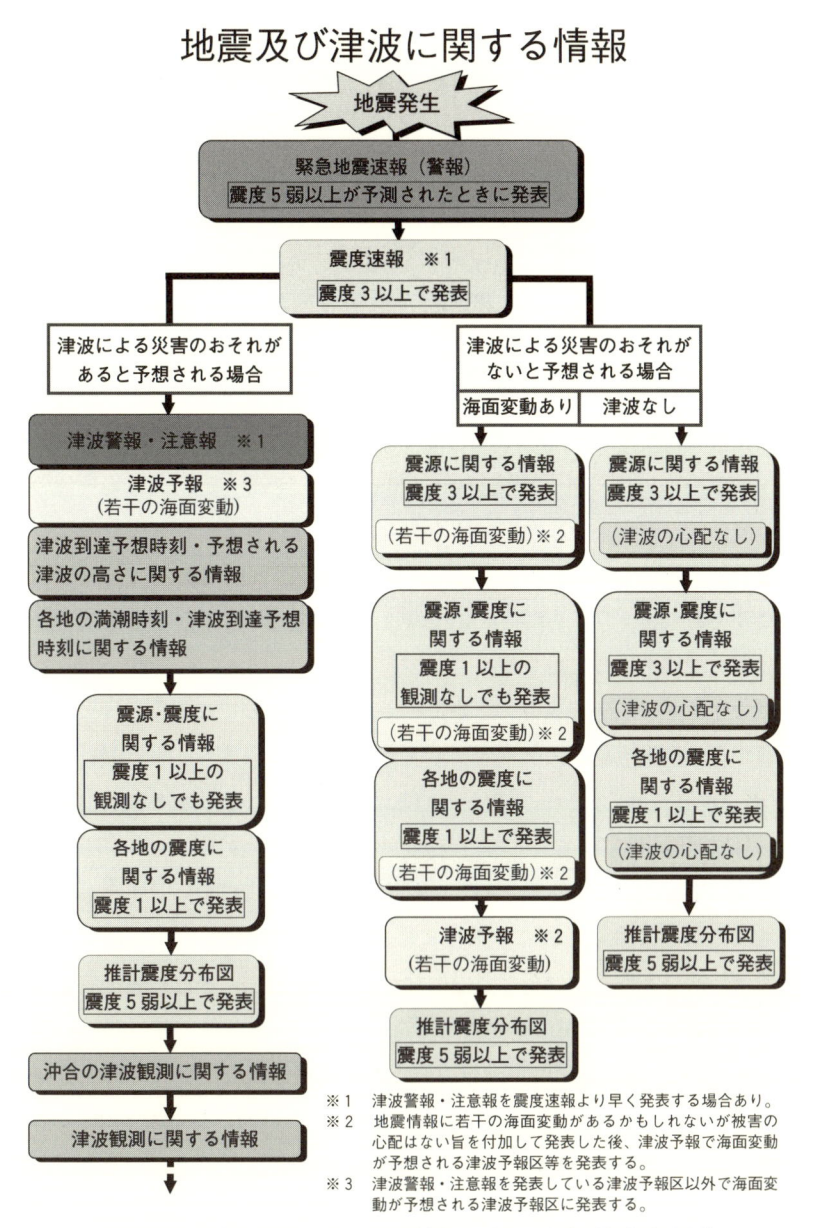

震度速報 ※1
震度3以上で発表

分岐：
- 津波による災害のおそれがあると予想される場合
- 津波による災害のおそれがないと予想される場合（海面変動あり／津波なし）

【津波による災害のおそれがあると予想される場合】
- 津波警報・注意報 ※1
- 津波予報 ※3（若干の海面変動）
- 津波到達予想時刻・予想される津波の高さに関する情報
- 各地の満潮時刻・津波到達予想時刻に関する情報
- 震源・震度に関する情報（震度1以上の観測なしでも発表）
- 各地の震度に関する情報（震度1以上で発表）
- 推計震度分布図（震度5弱以上で発表）
- 沖合の津波観測に関する情報
- 津波観測に関する情報

【海面変動あり】
- 震源に関する情報（震度3以上で発表）（若干の海面変動）※2
- 震源・震度に関する情報（震度1以上の観測なしでも発表）（若干の海面変動）※2
- 各地の震度に関する情報（震度1以上で発表）（若干の海面変動）※2
- 津波予報 ※2（若干の海面変動）
- 推計震度分布図（震度5弱以上で発表）

【津波なし】
- 震源に関する情報（震度3以上で発表）（津波の心配なし）
- 震源・震度に関する情報（震度3以上で発表）（津波の心配なし）
- 各地の震度に関する情報（震度1以上で発表）（津波の心配なし）
- 推計震度分布図（震度5弱以上で発表）

※1 津波警報・注意報を震度速報より早く発表する場合あり。
※2 地震情報に若干の海面変動があるかもしれないが被害の心配はない旨を付加して発表した後、津波予報で海面変動が予想される津波予報区等を発表する。
※3 津波警報・注意報を発表している津波予報区以外で海面変動が予想される津波予報区に発表する。

図6.13　地震および津波に関する情報の種類と内容（気象庁資料）

6章　備えと避難に関わる気象および津波などの予測技術，情報

　これらの中で，とくによく理解しておくべき情報は「緊急地震速報」と「津波警報」であり，それらを中心に仕組みや内容について触れます．

① 緊急地震速報と仕組み

　地震の発生機構はまだ解明されていないことから，地震の予測は困難でいつどこにどのような規模で起きるかはわかりません．また，津波は海底の地震によって誘起されることから，津波の事前の予測も不可能です．一方，地震にともなう地震動が伝わる早さは7km/秒程度と音速の約20倍ですから，たとえ発生を知ったとしても，第3章で述べた猶予時間は最大でも数十秒でしょう．しかしながら，地震の揺れが来ることが数秒前にわかれば，ガスの供給を大元で遮断することも可能であり，まして10秒程度の猶予があれば，列車やエレベーターの緊急停止，映画館などの館内放送，工場等での機械の緊急的な制御を行うなどの活用が考えられます．したがって，何よりも地震の発生をいち早く知ることは，このような緊急的な避難にとってきわめて重要であります．さらに，この情報は津波の発生につながるかも知れない初動的な役割を持っています．

　気象庁は「緊急地震速報」を発表しており，テレビでは緊急信号に続いて報道され，携帯電話やスマートフォンでも通知されます．

　「緊急地震速報」は，気象庁が設置している全国約220か所の地震計に加え，（独）防災科学技術研究所の高感度地震観測網（全国約800か所）のデータを活用することで，以下のような仕組みで作成されています．

　地震によって生じる波にはおもに縦波と横波の2種類の波があります．縦波は地震にともなう岩石などの振動が波の進行方向に平行に粗密波として伝播する波で，先に（primarily）到達することからP波と呼ばれ，秒速は約7kmです．横波は振動が進行方向と直角に横揺れしながら伝播する波で，2番目に（secondary）に来ることからS波と呼ばれ，秒速約4kmです．震源では二つの波が同時に起きますから，ある場所で見ると，まず縦波が到達し，遅れて横波が来ます．なおS波はP波と異なって，強い揺れを誘起します．

6.3 気象・津波・地震・火山情報

○緊急地震速報のしくみ
　地震波には主に2種類の波があり、最初に伝わる速い波（秒速約7km）をP波、速度は遅い（秒速約4km）が揺れは強い波をS波といいます。この速度差を利用して、P波を検知した段階でS波による大きな揺れを予想し、事前に危険を知らせます。また情報は光の速度（秒速約30万km）で伝わることから、ある程度離れた場所に対しては地震波が届く前に危険を伝えることができます。
　このように緊急地震速報は、地震の発生を素早くとらえる観測体制、少ない観測データから揺れの強さを速やかに予測する技術、発表した情報を素早く伝える情報通信技術により実現しました[※2]。

※2　緊急地震速報は、公益財団法人鉄道総合技術研究所と気象庁による共同技術開発と、独立行政法人防災科学技術研究所による技術開発の成果により可能となりました。

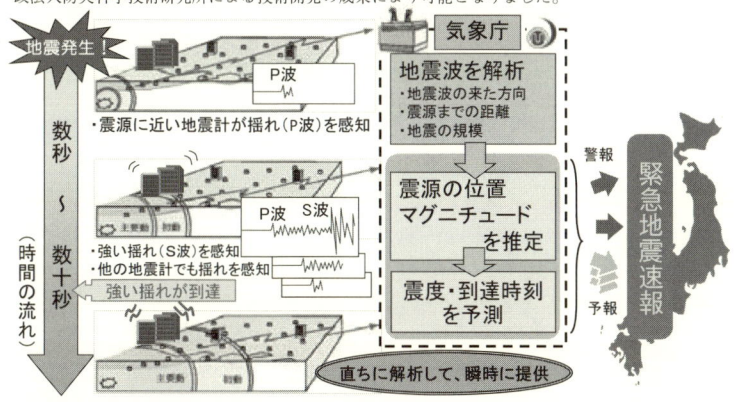

○緊急地震速報の特性や技術的限界
　緊急地震速報を活用する際には、その特性や技術的限界を十分理解していただくことが重要です。

緊急地震速報の特性や技術的限界
◇　震源に近い場所では、緊急地震速報の提供が強い揺れの到達に間に合いません。
◇　予想する震度には±1階級程度の誤差があります。
◇　M8程度以上の巨大地震では、短時間で地震の規模を正確に推定することが難しく、緊急地震速報の誤差が大きくなることがあります。
◇　地震観測網から遠い海域（100km程度以遠）で起こった地震、非常に深い場所（深さ100km程度以上）で起こった地震では、緊急地震速報の誤差が大きくなることがあります。
◇　地震活動が活発なときなど、ほぼ同時に発生する複数の地震を区別できず、適切な内容で速報を発表できないことがあります。
◇　地震以外の揺れ（事故、落雷）や機器障害により誤った情報を発表する可能性があります。

図6.14　緊急地震速報の仕組み

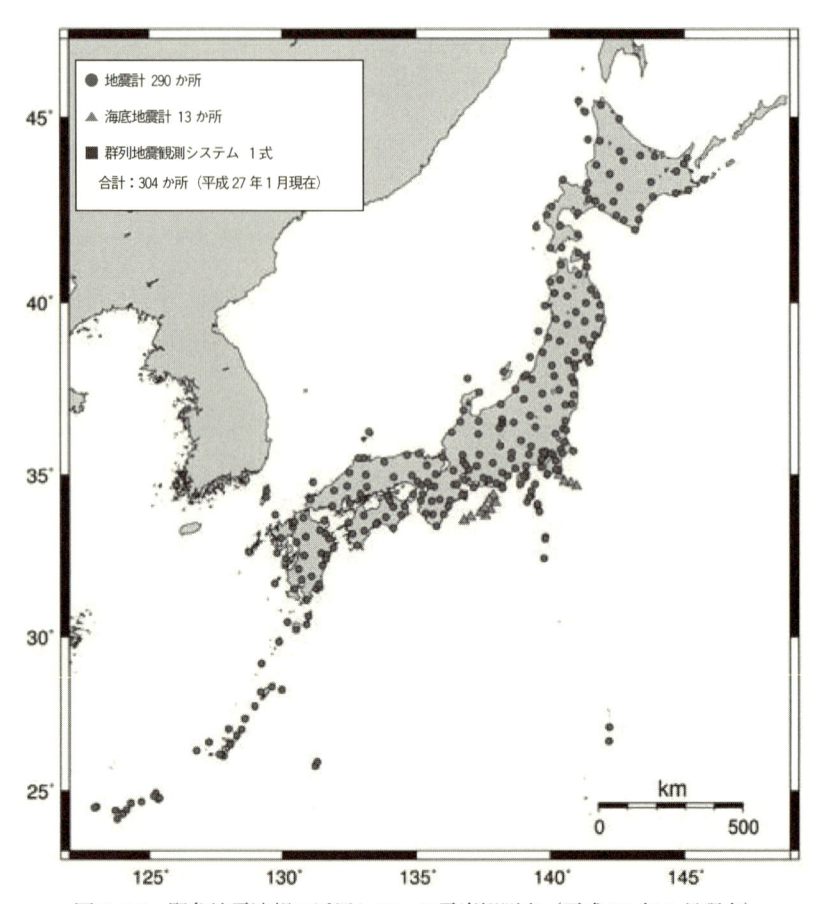

6章　備えと避難に関わる気象および津波などの予測技術，情報

図6.15　緊急地震速報に活用している震度観測点（平成27年1月現在）

　緊急地震通報の有利さは，各地のP波とS波の到達を待って震源域を求める作業より以前に，P波のみを検知した段階でS波による大きな揺れを予想し，事前に危険を知らせるものです．具体的には，この速報の特徴は初期微動とも呼ばれるP波を感知した段階で，震源の位置，マグニチュードを瞬時に推定し，想定される震度および到達時刻を予測することです．図6.14に緊急地震速報の仕組みの概念図を示します．

　図6.15は緊急地震速報の作成に用いられている気象庁および防災科学研

6.3 気象・津波・地震・火山情報

究所の観測ポイントを示しています．

② 津波警報など

図 6.16，津波警報・注意報，津波予報など，津波に関わるすべての情報を一覧に掲げたものです．本書の趣旨からみれば，もっとも緊急で重要な情報は「津波警報」です．津波警報に関連して，ぜひ留意していただきたい点があります．

気象庁のおこなう津波警報は地震が起きてから 3 分以内を目途にしていることです．ということは地震が発生してから 3 分程度待てば，津波の有無がわかるということです．筆者はその 3 分間が命をわけるかも知れないことを主張します．3 分間を無駄にしてはいけないということです．ある程度強い地震の揺れを感じたら，あるいはテレビなどで報道されたら，家の中でも職場や旅行中でも，ドライブ中でも，ひとまず待機し，作業も中断し，ひたすら津波の有無を確認することです．とはいっても海岸付近に定住し，あるいは作業などをしている人々，さらにドライブ中の人々にとっては，津波警報を待つより，取りあえず安全な場所への避難を目指す初動が必要です．場合によっては強い揺れを感じてから数分後あるいは 10 分後にも大津波が来襲することがあり得るからです．できるだけ標高が高い方向への移動が望まれます．

「緊急地震速報」が報道されたときもまったく同様です．わずか 3 分程度待つだけでことは足ります．「津浪の恐れはありません」との情報が流れたら安心です．逆に強い地震を感じながらも，作業やドライブを続けて，そのうちに気象庁が何か発表するだろうと思って，例えばドライブなどを続けたなら，やがて警報を聞いた人々が一斉に行動を起こし，渋滞などの混乱が始まるでしょう．

津波に関する気象庁の情報は，図 6.16 に示されているように，「津波警報・注意報」「津波情報」「津波予報」の三つに大別されています．注意すべきは，同じ警報という文言を用いていますが「大津波警報」と「津波警報」の 2 種類があることです．その区別は津波の高さで，「大津波警報」は 3m

6章　備えと避難に関わる気象および津波などの予測技術，情報

津波警報・注意報、津波情報、津波予報

① 津波警報・注意報

津波による災害の発生が予想される場合に、地震が発生してから約3分（一部の地震[※1]については約2分）を目標に津波警報・注意報を発表します。

※1 日本近海で発生し緊急地震速報の技術によって正確な震源位置やマグニチュードが迅速に求められる地震

種類	解説	発表される津波の高さ	
		数値	定性的な表現
大津波警報[※2]	3mを超える津波が予想されますので、厳重に警戒してください。	10m超 10m 5m	巨大
津波警報	高いところで3m程度の津波が予想されますので、警戒してください。	3m	高い
津波注意報	高いところで1m程度の津波が予想されますので、注意してください。	1m	（表記しない）

※2 大津波警報は、特別警報に位置づけられています。

② 津波情報

津波警報・注意報を発表した場合、津波の到達予想時刻や予想される津波の高さなどをお知らせします。

種類	内容
津波の到達予想時刻・予想される津波の高さに関する情報	各津波予報区の津波の到達予想時刻や予想される津波の高さを発表
各地の満潮時刻・津波の到達予想時刻に関する情報	主な地点の満潮時刻・津波の到達予想時刻を発表
津波観測に関する情報	実際に津波を観測した場合、その時刻や高さを発表
沖合の津波観測に関する情報	沖合で観測した津波の時刻や高さ、及び沖合の観測値から推定される沿岸での津波の到達時刻や高さを津波予報区単位で発表

③ 津波予報

地震発生後、津波による災害が起こるおそれがない場合、以下の内容を津波予報として発表します。

発表される場合	内容
津波が予想されないとき	津波の心配なしの旨を地震情報に含めて発表
0.2m未満の海面変動が予想されたとき	高いところで0.2m未満の海面変動のため被害の心配はなく、特段の防災対応の必要がない旨を発表
津波警報・注意報の解除後も海面変動が継続するとき	津波に伴う海面変動が観測されており。今後も継続する可能性が高いため、海に入っての作業や釣り、海水浴などに際しては十分な留意が必要である旨を発表

図6.16　津波警報・津波注意報，津波情報，津波予報の一覧表

6.3 気象・津波・地震・火山情報

以上，それ以下の場合が「津波警報」です．また，「大津波警報」は，気象業務法の上で「特別警報」に位置づけられています．なお，津波なしの情報は，「津波予報」の範疇に入っています．津波の発生が報じられた場合には，この表をよく参照してください．

6.3.3 火山情報

気象庁は，火山の噴火による災害を防止・軽減するため，全国110の活火山を対象として，観測・監視・評価の結果に基づき噴火警報・予報を発表しています．活火山といえば，噴火をしているあるいは噴火の歴史がある火山と思われがちですが，火山噴火予知連絡会（注：気象庁が事務局を担当している国および大学の火山関係者の連絡会）は，2003（平成15）年に，「概ね過去1万年以内に噴火した火山及び現在活発な噴気活動のある火山」を活火山と定義し直しました．当初，活火山の数は108でしたが，2011（平成23）年6月にはさらに2火山が新たに選定され，活火山の数は現在110となっています．

種別	名称	対象範囲	レベル（キーワード）	火山活動の状況
特別警報	噴火警報（居住地域）又は噴火警報	居住地域及びそれより火口側	レベル5（避難）	居住地域に重大な被害を及ぼす噴火が発生，あるいは切迫している状態と予想される．
			レベル4（避難準備）	居住地域に重大な被害を及ぼす噴火が発生する可能性が高まってきていると予想される．
警報	噴火警報（火口周辺）又は火口周辺警報	火口から居住地域近くまでの広い範囲の火口周辺	レベル3（入山規制）	居住地域の近くまで重大な影響を及ぼす（この範囲に入った場合には生命に危険が及ぶ）噴火が発生，あるいは発生すると予想される．
		火口から少し離れた所までの火口周辺	レベル2（火口周辺規制）	火口周辺に影響を及ぼす（この範囲に入った場合には生命に危険が及ぶ）噴火が発生，あるいは発生すると予想される．
予報	噴火予報	火口内等	レベル1（活火山であることに留意）	火山活動は静穏．火山活動の状態によって，火口内で火山灰の噴出等が見られる（この範囲に入った場合には生命に危険が及ぶ）．

図6.17 噴火警報などの一覧表（気象庁）

6章　備えと避難に関わる気象および津波などの予測技術，情報

なお，近年の火山活動の活発化にともなって，火山噴火などに関連する情報が大きく変わりましたので注意が必要です．従来の火山情報（緊急火山情報，臨時火山情報，火山観測情報）に代わって噴火警報・予報となりました．

まず，「噴火警報」は，噴火にともなって発生し生命に危険を及ぼす火山現象（大きな噴石，火砕流，融雪型火山泥流等，発生から短時間で火口周辺や居住地域に到達し，避難までの時間的猶予がほとんどない現象）の発生や危険が及ぶ範囲の拡大が予想される場合に，「警戒が必要な範囲」（この範囲に入った場合には生命に危険が及ぶ）を明示して発表します．図6.17は，噴火警報および噴火予報の種別，対象範囲，活動状況を一覧にまとめたものです．

付録　避難などに関わる法制度

1. 気象業務法

　気象庁が行なう気象業務の根幹を規定しているのが気象業務法（以下，業務法と呼ぶ）であり，昭和27年6月2日，法律第165号として可決され，同年8月1日から施行されました．業務法は全体が7章，50条で構成されています．同法の目的は「気象業務に関する基本的制度を定めることによって，気象業務の健全な発達を図り，もって災害の予防，交通の安全の確保，産業の興隆等公共の福祉の増進に寄与するとともに，気象業務に関する国際的協力を行うことを目的とする」と書かれています．

　図付1.1に気象業務法の各章とその骨子を示します．

　ちなみに業務法が施行されたと同じ年の昭和27年（1952年）には，サ

```
気象業務法（全体は50条で構成，昭和二十七年六月二日法律第百六十五号）
第1章　総則：目的，定義，任務
第2章　観測：観測（気象庁および気象庁以外）の方法，使用する気象測器，観測成果等の
　　　　　　　発表など
第3章　予報及び警報：予報及び警報，予報業務の許可，許可基準，気象予報士の設置，
　　　　　　　気象予報士に行わせなければならない業務，警報の伝達，警報の制限など
第3章の2　気象予報士：試験，一部免除，資格，指定試験機関の指定，試験員，登録，
　　　　　　　欠格事由，登録事項の変更の届出，登録の抹消
第3章の3　民間気象業務支援センター：指定，業務
第4章　無線通信による資料の発表
第5章　検定：　合格基準，検定の有効期間，型式証明
第6章　雑則：気象証明等，気象測器の保全等，土地または水面の立ち入りなど
第7章　罰則：
　　　（罰則の例）気象測器の破壊などは，三年以下の懲役若しくは百万円以下の罰金，
　　　　　又はこれを併科する．
　　　　　　無検定の気象測器の使用，無許可の予報業務，気象予報士以外の者に
　　　　　よる気象の予想，気象庁以外の者による警報などは，50万円以下の罰金
```

図付1.1　気象業務法の骨子

付録　避難などに関わる法制度

> 第二条　この法律において **気象** とは、大気（電離層を除く。）の諸現象をいう。
> 2　この法律において **地象** とは、地震及び火山現象並びに気象に密接に関連する地面及び地中の諸現象をいう。
> 3　この法律において **水象** とは、気象又は地震に密接に関連する陸水及び海洋の諸現象をいう。
> 4　この法律において **気象業務** とは、次に掲げる業務をいう。
> 一　気象、地象、地動及び水象の観測並びにその成果の収集及び発表
> 二　気象、地象（地震にあっては、発生した断層運動による地震動（以下単に「地震動」という。）に限る。）及び水象の予報及び警報
> 三　気象、地象及び水象に関する情報の収集及び発表
> 四　地球磁気及び地球電気の常時観測並びにその成果の収集及び発表
> 五　前各号の事項に関する統計の作成及び調査並びに統計及び調査の成果の発表
> 六　前各号の業務を行うに必要な研究
> 七　前各号の業務を行うに必要な附帯業務
> 5　この法律において **観測** とは、自然科学的方法による現象の観察及び測定をいう。
> 6　この法律において **予報** とは、観測の成果に基く現象の予想の発表をいう。
> 7　この法律において **警報** とは、重大な災害の起るおそれのある旨を警告して行う予報をいう。
> 8　この法律において **気象測器** とは、気象、地象及び水象の観測に用いる器具、器械及び装置をいう。

図付 1.2　気象業務法における定義

ンフランシスコ平和条約が発効して，日本は国際社会に復帰しました．

（気象業務法における定義）

業務法に頻繁に現れる「観測」「予報」「警報」などの用語の定義が業務法の第2条に掲げられており，内容を図付1.2に示す．

これらの定義で注意すべきことの一つは「予報」に関する定義です．この定義によると，予報は観測の成果に基づくこと，現象の予想，予想の発表の三つの要件を満たす必要があることです．逆に要件の一つが欠ければ「予報」でないことになります．たとえば，予想の発表は一般への公表を意味しますから，予想を個人用あるいは自家用に行なうことは予報にはあたらないことになります．また「観測」とは「自然科学的方法による現象の観察および測定をいう」と定義されているので，星占いや八卦などによる予測は，そもそも定義でいう自然科学的な観測に値しないことから，たとえ予想を公表したとしても「予報」には該当しないことになります．業務法の世界では，「予報」と「予測」は明確に区別されており，後述の民間における予報業務の許可や天気予報に係わる罰則にも関係しています．

1. 気象業務法

> **第三条** 気象庁長官は、第一条の目的を達成するため、次に掲げる事項を行うように努めなければならない。
> 一 気象、地震及び火山現象に関する観測網を確立し、及び維持すること。
> 二 気象、地震動、火山現象、津波及び高潮の予報及び警報の中枢組織を確立し、及び維持すること。
> 三 気象、地震動及び火山現象の観測、予報及び警報に関する情報を迅速に交換する組織を確立し、及び維持すること。
> 四 地震（地震動を除く。）の観測の成果を迅速に交換する組織を確立し、および維持すること。
> 五 気象の観測の方法及びその成果の発表の方法について統一を図ること。
> 六 気象の観測の成果、気象の予報及び警報並びに気象に関する調査及び研究の成果の産業、交通その他の社会活動に対する利用を促進すること。

図付 1.3　気象庁の目的，任務

二つ目は，「警報」の定義についてであり，警報は「重大な災害の起こるおそれのあるものを警告して行う予報をいう」と定義されていますからで，予報の一種です．なお，警報の伝達先などについては，別途規定されています．

三つ目は，本質的ではありませんが「気象」の定義に関して，オーロラなど電離層における大気の諸現象が除かれていることです．これは，業務法が制定される時点で，旧郵政省の電波研究所が電離層を対象とした研究などを行っていたことに起因しています．なお，電離層の高さは約100km程度の上空ですから，電離層における諸現象は気象庁が天気予報を行う上で何らの制約とはなっていません．ちなみに独立行政法人「情報通信研究機構」は「宇宙天気予報」を行っています．

（気象庁の任務）

気象庁の目的および任務（第3条）を図付1.3に示します．

（天気予報と警報）

業務法の第3条を天気予報の観点からみますと，気象庁は気象・地震・火山の観測を行い，それらの予報および警報を行い，それらの成果を発表し，種々の社会活動に役立てるという任務を負っていることになります．なお，津波および高潮については，観測をおこなう特段の任務は課せられていませ

133

付録　避難などに関わる法制度

ん．

　第3章（予報および警報）に掲げられている気象庁に課せられた義務について，主要点を整理しますと以下のようになります．

　予報および警報は，その対象が一般の利用，船舶および航空機の利用，水防活動の利用の三つに分けられています．

　まず，一般の利用に適合する予報および警報については，つぎの通りです．

(1) 気象庁は，気象，地象，津波，高潮，波浪，洪水についての予報および警報を行わなければならない．

(2) 気象庁は，水象（津波，高潮，波浪，洪水を除く）についての予報および警報をすることができる．

(3) 気象庁は，予報および警報をする場合は，自ら周知を計るほか，報道機関の協力を求めて，公衆への周知に努めなければならない．

　気象庁は，上記の(1)を受けて日々種々の予報および警報を行い，(3)を受けて周知に努めています．また(2)は浸水などを対象にしています．

　なお，平成25年3月に法律が改正されて新たに「特別警報」が設けられ，重大な災害が起こるおそれが著しく大きい場合に発表されることになりました．これらに係わる細目は，気象業務法施行令，同施行規則に定められています．

　つぎに船舶および航空機については，気象，地象，津波，高潮及び波浪の予報および警報を行わなければならないと規定されています．これを受けて，船舶向けに気象の実況や予測情報を無線通信などを用いて提供しています．また，各空港に気象庁の出先機関を設置して，航空会社などに空港における気象の実況や航空路上の予測情報を陸上通信および放送を通じて提供しています．

　最後に，気象庁は水防活動への利用として，気象，高潮及び洪水についての予報および警報をしなければならないと，定められています．

(警報の伝達)

　気象警報については，業務法第15条でその通知先とその扱いを定めてい

ます．主要点は以下のとおりです．この条文は，市町村長が行う非難勧告・指示の引き金と密接に関わる重要な規定です．

(1) 気象庁は，気象，地象，高潮，波浪，洪水の警報をしたときは，直ちに関係機関に通知しなければならない．関係機関は，警察庁，国土交通省，海上保安庁，都道府県，東・西日本電信電話株式会社，日本放送協会である．

(2) 警察庁，都道府県，東・西電信電話株式会社は，直ちに通知された事項を関係市町村長に通知するように努めなければならない．

(3) 市町村長は，直ちに通知された事項を公衆および所在の官公署に周知させるように努めなければならない．

(4) 国土交通省は，直ちに通知された事項を航行中の航空機に周知させるように努めなければならない．

(5) 海上保安庁は，直ちに通知された事項を航海中および入港中の船舶に周知させるように努めなければならない．

(6) 日本放送協会の機関は，直ちに通知された事項を放送しなければならない．

警報の通知で注意すべきことは，通知の迅速性と義務の度あいです．日本放送協会のみが，ただちに放送しなければならない義務をおっており，他の機関は努めなければならないとされています．NHKは，この第15条の規定を遵守して，テレビあるいはラジオの放送を一旦中断あるいは並行して，警報を放送しています．なお，民法には，法律的にはこのような放送の義務はありませんが，警報の性質からNHKと同様に放送を行なっています．気象はもちろん，津波についての警報も必ず放送がなされることから，ラジオやスマホなどを手元に置いておくことは，防災の観点からも重要な手段です．

(予報と警報)

気象庁が行なう予報と警報の種類は，気象業務法施行令で定められています．その主要部分を図付1.4に示します．

付録　避難などに関わる法制度

```
(一般の利用に適合する予報及び警報)
一般利用に適合する予報及び警報定時又は随時に，国土交通省令で定める予報区を対象として
　行うものとする。
・天気予報（当日から三日以内における風，天気，気温等の予報）
・週間天気予報（当日から七日間の天気，気温等の予報）
・季節予報（当日から一箇月間，当日から三箇月間，暖候期，寒候期，梅雨期等の天気，気温，
　降水量，日照時間等の概括的な予報）
気象注意報　風雨，風雪，強風，大雨，大雪等によって災害が起こるおそれがある場合に，
　その旨を注意して行う予報）
気象警報　暴風雨，暴風雪，大雨，大雪等に関する警報）
津波警報（津波に関する警報）
高潮警報（台風等による海面の異常上昇に関する警報）
・浸水警報（浸水に関する警報）
・洪水警報（洪水に関する警報）
波浪警報　風浪，うねり等に関する警報）
・地面現象警報（大雨等による地すべり等に関する警報）

(航空機及び船舶の利用に適合する予報及び警報)
・飛行場予報、空域予報、飛行場警報など

(水防活動の利用に適合する予報及び警報)
・水防活動用気象警報　など
```

図付 1.4　予報と警報の種類

なお，業務法は，航空機に対して，第 16 条で予報や観測に関し，つぎの趣旨の規定を持っています．気象庁は，航空機に対し，その航行前，気象，水象についての予想を記載した航空予報図を交付しなければならない．また，航空機は，その航行を終つたときは，飛行した区域の気象の状況を気象庁長官に報告しなければならない．気象庁は，この法律によって，航空会社に各種の予想図（飛行場予報や航空路予報など）を提供し，また，航空機からは飛行中の気象データ（気温，タービュレンス情報など）を受領しています．

（予報等の細目）

予報および警報の対象区域，担当官署などは，気象業務法施行規則，気象官署予報警報規程に定められています．

（予報作業のセンター）

気象庁は天気予報業務を統一的に行なうために，全国予報中枢，地方予報中枢，府県予報中枢という 3 階層の機構を持ち，それぞれが担当すべき領域を分担しています．全国中枢は本庁に，地方予報中枢は札幌，仙台，東京，

1. 気象業務法

名古屋，新潟，大阪，広島，高松，福岡，鹿児島，沖縄の合計11か所に置かれています．なお，東京中枢は，本庁の全国中枢の中で分担しています．

2. 災害対策基本法

もう半世紀以上も前の昭和34年（1959年）9月，伊勢湾台風の来襲による高潮などで約5千名に上る犠牲者を生みました．現在では台風による大雨などが予想されるとき，しばしば「避難勧告」や「避難指示」という言葉を耳にしますが，当時は，台風や洪水をもたらす現象に対して，国や都道府県などの行政機関の果たす役割および住民の義務などについて，統一的な定めは存在していませんでした．

「災害対策基本法」は，この伊勢湾台風による災害を機に，昭和36年11月に制定された法律です（以下，災対法という）．

基本法は全体が10章，117条で構成されています．その骨子を図付2.1に示します．

基本法は気象などとの関連では，以下の接点を持っています．

(1) 発見者の通報義務と呼ばれるもので，第54条で「災害が発生するおそれがある異常な現象を発見した者は，遅滞なく，その旨を市町村長又は警察官若しくは海上保安官に通報しなければならない」と定められています．また，通報を受けた者は市町村長，気象庁に通報すべ

```
(防災計画)
―防災基本計画の作成及び公表等
―指定行政機関の防災業務計画
―都道府県地域防災計画
―市町村地域防災計画
(災害予防)
―発見者の通報義務等
―都道府県知事の通知等
―市町村長の警報の伝達及び警告
(災害応急対策)
（市町村長の避難の指示等）
第60条　災害が発生し，又は発生するおそれがある場合において，人の生命又は身体を災害から保護し，その他災害の拡大を防止するため特に必要があると認めるときは，市町村長は，必要と認める地域の居住者，滞在者その他の者に対し，避難のための立退きを勧告し，及び急を要すると認めるときは，これらの者に対し，避難のための立退を指示することができる。
```

図付2.1　災害対策基本法の骨子

きことが盛られています．

(2) 警報の伝達に関するもので，第56条で「都道府県知事は，気象庁およびその他の国の機関から災害に関する予報もしくは警報の通知を受けたときは，関係機関および住民等に伝達しなければならない．また，市町村長は，住民その他公私の団体に伝達しなければならい」旨が定められている

(3) 大雨警報などの発表基準に関するもので，第40条に定める「都道府県地域防災業務計画」の策定および運用等にあたって，当該知事と気象台長が協議して基準などを作成している．

(4) 災害が予想される場合の住民の避難に関するもので，第60条で市町村長に「避難勧告」と「避難指示」の二つを行なう権限を与えている．すなわち，避難勧告は「人の生命又は身体を災害から保護し，その他災害の拡大を防止するため特に必要があると認めるときに，関係者に避難のための立退きを勧告するものであり，避難指示は「急を要すると認めるときは，これらの者に対し，避難のための立退きを指示することができる」旨が規定されています．

ここで重要なことは，これらは市町村長の義務と権限ですが，その根拠となる最も重要な判断情報は，前述の気象庁の警報および関連する情報であり，かつそれに対する当該市町村および首長の理解と判断力が問われます．現在でも，「警報の内容をよく確認していなかった」や「そこまで想定していなかった」などの言葉をよく耳にしますが，行政官である市町村長の意思決定を支える技術スタッフの役割はきわめて高いと言わざるを得ません．蛇足ですが，筆者は市町村長のこうした判断を支援するべく「気象予報士」「気象庁OB」達によるボランティア制度を提唱しています．

3. 土砂災害防止基本法，船舶法，消防法

3.1 土砂災害防止基本法

土砂災害防止法は，正式には「土砂災害警戒区域等における土砂災害防止対策の推進に関する法律」です．この法律は，土砂災害から国民の生命を守るため，土砂災害のおそれのある区域について危険の周知，警戒避難態勢の整備，住宅等の新規立地の抑制，既存住宅の移転促進等のソフト対策を推進する目的で制定されました．

(土砂災害警戒区域)

土砂災害防止法に基づく「土砂災害防止対策基本指針」においては，「各都道府県は，おおむね5年程度で基礎調査を完了させることを目標として，完了予定年も含めた実施目標を速やかに設定する」こととなっています．これを受けて，最近，「土砂災害警戒区域」の指定が相次いでいます．これらは土砂災害に関するハザードマップの作成につながっています．

(緊急調査の実施)

大規模な土砂災害が急迫している状況において，市町村が適切に住民の避難指示の判断等を行えるよう特に高度な技術を要する土砂災害については国土交通省が，その他の土砂災害については都道府県が，被害の想定される区域・時期の情報を提供するために緊急調査を行うこととされています．

3.2 船舶法

船舶が安全な航海を行なうためには，波浪や風，霧などの実況および予測情報は不可欠です．また，気象庁が気象予報を行なうためには，洋上の気象観測データが，極めて重要です．これらを踏まえて，船舶安全法の第7条に関わる施行令で定める無線設備を備えるべき船舶は，①気象測器を備え付けなければならないこと，②航行中は観測結果を気象庁長官に報告しなければならないことを規定しています．この法律に素って，日本周辺の海上の観測データが，銚子無線局などを経由して気象庁に入電されています．また，

衛星も利用されています．

3.3 消防法

　湿度や風の条件は，火災の予防や発生などにとって重要な気象条件です．消防法は，火災の警戒に関して，第22条で，①気象庁は気象の状況が火災の予防上危険であると認めるときは，その状況を直ちに都道府県知事に通報しなければならないこと，②通報を受けた知事は直ちに市町村長に通報しなければならないこと，③市町村長は通報を受けたときなどに火災の予防上危険であると認めるときは，火災に関する警報を発することができる，さらに警報の間，当該の住民等は火の使用の制限に従うべきことなどを定めています．具体的には，気象庁から「火災通報」が都道府県知事へ，「火災警報」が市町村から発令されています．

引用および参考文献

一般気象学：小倉義光（東京大学出版会，1984）
日本の天気―その多様性とメカニズム：小倉義光（東京大学出版会，2015）
現代天気予報学：古川武彦，室井ちあし（朝倉書店，2012）
図解　気象学入門：古川武彦，大木隼人（講談社ブルーバックス，2011）
アンサンブル予報：古川武彦，酒井重典（東京堂出版，2004）
高層気象の科学―基礎理論から観測技術まで：廣田道夫ほか（成山堂書店，2013）
気象・天気の謎と不思議：古川武彦（監修）（洋泉社，2013）
雲のコレクション：古川武彦，岩淵秀明（洋泉社，2012）
最新気象百科：古川武彦，椎野純一，伊藤朋之（丸善，2008）
新しい数値予報システム平成12年度数値予報研修テキスト（気象庁予報部，経田ほか，2000）
人と技術で語る天気予報史：古川武彦　（東京大学出版会，2012）

おわりに

　私達の周囲に存在している種々の自然および人為的現象にともなう災害に対する備えや避難にさいして，参考とすべき事柄を最大限に網羅したつもりです．本書を一読すれば，ほとんどすべての現象の仕組みや観測，予測技術，提供されている情報，さらに気象業務および防災に関連する種々の法律までカバーできるようなワンストップのガイドブックを目指しました．

　国や地方自治体は，本来，国民の生命や財産を守るたに，第一義的な責任を負っていますが，それはある程度の地域的広がりや住民全体を対象としていることは否めません．しかしながら，命を守るための備えやいざというときの避難などは，公的機関や他人任せにしないで，自らの判断で行う必要があり，そのための資料は十二分に存在しています．本書がそうした勉強の一助となれば幸いです．

　最後に，筆者はこれまで自然災害から命を守るための提言を新聞に投書し，掲載されましたが現時点では実現に到っていません．以下にその提言を紹介しますので，ご参考にしていただければと思います．

① 避難判断に「気象サポーター」を
　　　　　　　　　　　　（平成13年10月29日　朝日新聞「声」欄）
　台風などにともなう「避難勧告」や「避難指示」を行う権限は市町村長にある．そのさいの判断情報は，地方気象台による「大雨警報」「記録的短時間大雨情報」や「土砂災害警戒情報」などである．市町村長がこの勧告や指示を適切に行うためには，これらの多種多様な気象情報のほか，独自の情報を迅速，かつ継続的に入手し，分析する必要がある．しかしながら，このような行政的作業や決断は，このたびの伊豆大島の土石流にみられたように，

143

おわりに

ほとんどの市町村長にとっておそらく未経験であり、また補佐する事務部局にとっては、住民対応などで手一杯だと推測される.

そこで市町村長の判断に必要な気象情報やデータの解釈や分析などについて助言する「気象サポーター」を置いてはどうか. サポーターは地元の気象庁OBのほか「気象予報士」などが考えられる. サポーターは公募制で市町村長の委嘱によることとし、サポートの形態は在宅から出張までが考えられる. ボランティアでも良いが、実費の支弁が望ましい.

② 降水ナウキャスト テレビに映して

(平成13年8月14日朝日新聞「声」欄)

このたびの秋田・岩手県の豪雨にさいして、気象庁は「命を守る行動を」とテレビ記者会見を通じて注意を呼びかけ、迅速な避難などを促した. 先の島根県の豪雨でも同様であった. 一方、このような豪雨を半日程度先に、かつピンポイントで予測することは現在の技術では困難である. しかしながら、気象庁は気象レーダーとアメダスを利用した「降水ナウキャスト」を作成し、報道機関などにも配信しており、またホームページでも公開している. このナウキャスト情報は、降水強度がカラーで表示され、5分おきに更新され、さらに過去の経過および1時間先までの予測も動画で見られる. インターネットやスマートホンで閲覧も出来る. この画像を見れば、これまでどこで雨が降っていたか、今どこで激しく降っているか、これからどうなるかが一目瞭然である. しかし音声ではまったくその臨場感や切迫感は伝わらない.

少なくともNHKテレビのローカル、可能であれば民放でも、大雨・洪水警報の発表中は、「降水ナウキャスト」を分割画面で常時放映していただきたい. そうすれば家庭や学校、企業などでもリアルタイムで状況の推移を視認することができ、避難のさいにも役立つ. このような放映は生きた教材として、気象についての人々の理解にもつながるはずである.

おわりに

　なお，本書ではいわゆる原発事故にともなう避難に関わる監視体制などについても，言及するつもりでしたが，放射性物質の拡散予測を行うモデル(SPEEDI)は，先の「3.11」の福島原発の事故の際に政府レベルで情報が共有されず，機能もしませんでした．さらに，肝心の原子力規制委員会では，そうした予測モデルの活用を削除してしまいました．本文中でも触れましたように，気象庁は放射性物質の拡散予測モデルを構築・運用する技術力を十分に持ち合わせていることを強調し，政府レベルで予測および避難の体制が早期に整備されることを希望して，筆をおきたいと思います．
　2015 年夏　鹿嶋にて

古川　武彦

索　引

あ　行

アメダス················16, 74, 75, 80
異常潮位························63
インターネット···················29
ウインドプロファイラ···········74, 90
エコー頂高度·····················89
S　波··························124

か　行

解析雨量························89
海難審判························23
可航半円························32
火災警報·······················141
火災通報·······················141
火砕流··························18
火山機動観測班·················101
火山情報·······················129
火山噴火················18, 36, 69
可視画像························96
ガストフロント（突風前線）·······58
活火山·························101
活動度·························110
雷······························57
雷監視システム··················93
雷注意報························35
カルマンフィルター·············108
観　測·························132
危険半円························32
気　象··························53
気象，津波などの観測システム····73
気象衛星························94
気象官署························77
気象観測装置····················78
気象業務支援センター·········29, 31
気象業務法·····················131
気象庁の任務···················133
気象予測·······················103
気象レーダー············16, 74, 85
CAT（キャット：Clear Air Turbulence）
······························61
極軌道気象衛星··················99
距離と物の高さ··················37
緊急地震速報··············124, 125
空間スケール····················42
雲間放電························57
グリッド　ポイント　バリュー······107
継続時間························41
傾度風··························36
警　報················117, 120, 133
警報の伝達·····················134
ゲリラ豪雨··················11, 46
現　象··························53
現象の時間・空間スケール·······41
検潮所·························100
高解像度ナウキャスト···········110
格子点値（グリッド　ポイント　バリュー：Grid Point Value）········107
洪　水··························61
降水短時間予報············34, 109
降水ナウキャスト··········34, 144
高層気象観測····················83

さ　行

災害対策基本法·················138

147

索　引

三軸制御衛星…………………… 95
GPS ゾンデ観測………………… 84
時間スケール…………………… 42
地　震…………………………… 68
地震情報………………………… 121
消防法…………………………… 141
浸　水…………………………… 61
水　象………………………… 53, 61
水蒸気画像……………………… 97
水平分解能……………………… 74
数値予報………………………… 104
SPEEDI……………………… 17, 21
スマートフォン………………… 29
静止気象衛星…………………… 94
セイシュ (Seiche)……………… 64
晴天乱気流……………………… 61
静力学平衡……………………… 106
世界気象機関…………………… 31
赤外画像…………………… 44, 97
積乱雲…………………………… 46
先行時間………………………… 48
前　線…………………………… 60
船舶法…………………………… 140
即時的（リアルタイム）データ…… 73

た　行

対地放電………………………… 57
台　風………………………… 42, 54
台風進路予報モデル…………… 48
太平洋沖地震 (3.11)…………… 16
ダウンバースト………………… 58
高　潮……………………… 15, 34, 63
高潮ハザードマップ…………… 34
竜　巻……………………… 34, 42, 56
竜巻警戒情報…………………… 35
地域気象観測網（アメダス）…… 74, 75
地下街の水没…………………… 70
地　象………………………… 53, 67

地上気象観測網………………… 75
津　波………………… 16, 35, 64, 111
津波観測………………………… 100
津波警報……… 17, 35, 126, 127, 128
津波シミュレーション…… 116, 120
津波情報………… 35, 121, 127, 128
津波注意報………………… 127, 128
津波の伝播速度………………… 115
津波ハザードマップ…………… 35
津波予測………………………… 103
津波予報…………………… 127, 128
低気圧……………………… 42, 54
鉄砲水……………………… 11, 62
天気予報………………………… 104
天気予報ガイダンス…………… 107
天気予報と警報………………… 133
天文潮…………………………… 100
等圧線と風の吹き方…………… 36
洞爺丸…………………………… 22
特別警報………… 13, 117, 119, 120
特別地域気象観測所………… 77, 79
土砂災害警戒区域……………… 140
土砂災害防止基本法…………… 140
土石流……………………… 14, 67
土地の陥没……………………… 71
突　風…………………………… 58
突風前線………………………… 58
ドップラー気象レーダーのデータ…… 89
ドップラー効果………………… 91
トルネード……………………… 57

な　行

長　波…………………………… 115
2 万分の 1 地図………………… 26
ニューラルネット……………… 109
熱帯低気圧……………………… 55
ノンリアルタイムデータ……… 73

索　引

は　行

ハザードマップ……………………27
パターン　マッチング……………110
発生確度……………………………111
P　波………………………………124
非即時（ノンリアルタイム）データ‥73
避難勧告……12, 14, 30, 51, 138, 143
避難指示……13, 14, 30, 51, 138, 143
避難の猶予時間……………………41, 47
ひまわり8号………………………44, 95
副振動………………………………64
プレートテクトニクス……………69
噴火警報……………………………130
噴火予報……………………………130
偏西風の蛇行………………………42, 44
方位の簡便な見分け方……………38
放射性物質の拡散…………………18, 69

ま　行

民間気象事業支援センター………30

モノクロ画像………………………96

や　行

山火事………………………………37
猶予時間……………………25, 41, 47
予　報………………………………132
予報と警報…………………………135

ら　行

ライデン（LIDEN）………………93
ラジオゾンデ………………………83
ラジオゾンデ観測…………………84
リアルタイムデータ………………73
リードタイム T_r…………………48
離岸流………………………………66
レーウィン観測……………………84
レーウィンゾンデ観測……………84
レーダー・ナウキャスト…………110
レーダーエコー合成図……………88
露　場………………………………78

149

著者略歴
古川　武彦（ふるかわ　たけひこ）
1940 年　滋賀県に生まれる。
1961 年　気象庁研修所高等部（現気象大学校）
1968 年　東京理科大学物理学科卒業。
　気象庁航空気象管理課長，予報部予報課長，札幌管区気象台長，（財）日本気象協会技師長を経て，現在，気象コンパス代表。理学博士（九州大学）。専門は気象学，気象予報技術。
著書──『天気予報の知識と技術』（オーム社），『アンサンブル予報─新しい中・長期予報と利用法』（東京堂出版，酒井重典共著），『気象予報士試験─キーワードで学ぶ受験対策』（東京堂出版），『現代天気予報学』（朝倉書店，室井ちひろ共著），『気象庁物語─天気予報から，地震・津波・火山まで─』（中公新書）など執筆多数。

避難の科学
──気象災害から命を守る──

2015 年 10 月 10 日　初版印刷
2015 年 10 月 20 日　初版発行

著　者　　古川　武彦
発行者　　小林　悠一
印刷所　　株式会社　三秀舎
製本所　　株式会社　三秀舎

発行所　株式会社　東京堂出版
〔〒101-0054〕東京都千代田区神田神保町 1-17
電話 03-3233-3741　　振替 00130-7-270

ISBN 978-4-490-20922-8 C0044　　© Takehiko Furukawa 2015
Printed in Japan

最新 天気予報の技術　天気予報技術研究会編集

改訂版　気象学の基礎知識から予報の実務・関連法規まで気象予報士として必要な知識をわかりやすく解説。独自に想定した実技例題5題をあげ詳しく説明。執筆は
2000　元気象庁長官が担当。　　　　　　　　　　　　　四六倍判　348頁　本体2800円

気象予報士試験 実技演習例題集　天気予報技術研究会編

問題を解く前の基本的な注意事項，各問の読み方や解答のポイントなどを丁寧に解説。付録に現象別の総説，天気図の一覧など基礎的事項を収録。本試験に
2000　準拠した唯一の実技問題集。　　　　　　　　　　　四六倍判　304頁　本体3400円

気象予報士のための 最新 天気予報用語集　新田尚監修　天気予報技術研究会編

天気予報の解説では専門用語がそのまま使われることが多い。本書は気象予報試験を受けようとする人や気象関係の記事を読む人のために，かゆい所に手が
2009　届くようわかりやすく解説。最新版　　　　　　　　小B6判　318頁　本体2400円

天気予報のつくりかた　—最新の観測技術と解析技法による—　下山紀夫・伊東譲司著

予報作業の基本操作を中心に各段階ごとのポイント・操作テクニックを簡潔に解説。CD-ROMに実際の予報事例を収録し，生きた知識を紹介。最新の観測
2007　システム・防災上の留意点にも触れる。　　　　　　四六倍判　280頁　本体5460円

天気予報のための 局地気象のみかた　中田隆一著

集中豪雨，局地的な強風，霧など，日常生活に多大の影響をもたらす局地気象。本書は，現地観測による実例をもとに，現象を考察。数値予報モデルでは
2001　難しい局地現象の予測をも可能にした。　　　　　　菊倍判　120頁　本体3800円

最新 気象の事典　和達清夫監修

アメダス・エルニーニョ・環境アセスメント・酸性雨など気象学の進歩とともに新しい用語が続出した。本書は全面的な改稿を施し最新の情報を網羅し気象
1993　関係者や図書館の要望に応える第3版。　　　　　　菊判　650頁　本体9800円

気象予報による意思決定　立平良三著

時々の「外れ」はさけられない気象予報。本書は，気象予報を利用しどのようなルールで意思決定すればベストな結果が得られるかを解説。各種イベントの
1999　雨対策，地域の防災活動などに必須。　　　　　　　A5判　150頁　本体2600円

ビジネスと気象情報　—最前線レポート—　編集委員会編

情報サービスとしてのビジネス，企業活動に利用する気象情報，天候そのものを商品とする天候デリバティブ。高まる気象情報の品質や予報の精度向上は産
2004　業や社会に飛躍的な利用価値を見出す。　　　　　　A5判　272頁　本体3500円

（定価は本体＋税となります）